「認知科学」×「コーチング」が教える
自分を変える方法

習慣は3週間だけ続けなさい

名郷根修

SB Creative

「早起きがなかなか続かない」
「ダイエットしたいのに、つい食べ過ぎてしまう」
「資格の勉強を始めたけど、途中で挫折した」
「禁煙が続かない」

良い習慣を身につけ、
悪い習慣を絶ちたい。

本書はそんな「習慣が続かない……」と
悩む人に向けて、
「認知科学」と「コーチング理論」に基づく
「習慣化」メソッドをお伝えするものだ。

とはいえ、この本を手に取ったあなたなら、
すでに何度も「習慣化」に
トライしてきたことだろう。

なぜ、これまでのやり方では
続かなかったのだろうか。
どうしたら続くようになるのだろうか。

その答えが実は
あえてゴールを「3週間後」に設定する
ということにある。

習慣を長く続けるために、
あえて最初は「長く続けよう」
という意識そのものをなくす。

まずは「3週間」続けることを目指し、
習慣の「定着」を優先する。

それにより、
脳が習慣を
「勝手に続けたくなる」状態を
つくり出す。

逆説的に思うかもしれないが、
脳の仕組みから考えると、
この順番を経ることが、
結果的に習慣が一生続くようになる
方法なのである。

では、なぜあえて「3週間」を目指すと、
脳が「勝手に続けたくなる」状態に
なるのか？

その理由を「はじめに」で
明らかにしていきましょう。

習慣は3週間だけ続けなさい

はじめに

なぜ習慣は、あえて「3週間」を目指すと一生続くのか？

「続けたくても続かない……」

早起き、ダイエット、筋トレ、読書、英語、貯金、禁煙……。
良い習慣を身につけたくて、何度もやっているけれども、なかなか続かない。
本書は、そんな「何をやっても三日坊主で終わってしまう」と悩む人のために、「習慣化」のメソッドをお伝えする本です。

こうして「続かない」と悩むあなたは、すでに「習慣化」の本を読んで、いろいろと試してみたことがあるのかもしれません。

もしあるとしても大丈夫です。

それはただ単に人間の脳の根本的な仕組みに基づいていない方法だっただけだからです。

本書では、「認知科学」と「コーチング理論」の観点から、脳の仕組みに基づく「習慣化メソッド」をお伝えしていきます。

「背伸びした期間」が、習慣の定着を阻んでいる

私はエグゼクティブコーチをしている名郷根修と言います。これまでのべ1万人に「認知科学に基づくコーチング」をしてきました。

コーチングとは、人に目標達成をしてもらうために、行動を起こしてもらうのが仕事です。

そのときにやっているのは「行動変容」を促すこと。まさに新しい行動を「習慣化」

してもらうことです。

しかし、従来のコーチングの理論は一定の効果があったものの、人間の根本、特に脳の観点からは十分ではありませんでした。

そこで、コーチングに「認知科学」を掛け合わせた「認知科学コーチング」によって、誰もが再現性高く習慣化ができる方法をお伝えしています。

さて、話を戻しましょう。

では、なぜこれまでの「習慣化メソッド」では、うまくいかなかったのでしょうか。

その原因は「いきなり最初から長く続けようとしてしまっていたから」です。

多くの人は何かを習慣化しようとするとき、無意識に「6カ月、1年、3年、5年……」など、「長く続ける」ことが前提になっています。

しかし、人の脳というのは「ゴールが遠すぎると、習慣が定着する前にモチベーションが下がってしまう」という性質を持っています。

皮肉なようではありますが、「（習慣を）長く続けよう」という意識そのものが、習慣が長く続くことを阻んでしまっているのです。

あえて「3週間」を目指すからこそ、習慣は定着する

習慣が長く続くようになるためには、まずその習慣を定着させることが必要です。

しかし、あなたが無意識に持ってしまっている「長く続けよう」という意識が心理的ハードルとなり、習慣が定着することを阻みます。

「急がば回れ」ではありませんが、習慣が長く続くようになるためには、この「長く続けよう」という意識そのものをなくす必要があるのです。


逆に言うと、定着さえしてしまえば、あとは勝手に続きます。

なぜなら定着とは「続けないと気持ちが悪い状態」「続けないではいられない状態」にすることだからです。

しかし、だからといって本書の習慣化メソッドは「3週間だけ続ける」メソッドではありません。

脳の特性を考えて、まずはあえてゴールを「3週間後」に置いて「定着」を優先することで、その後も習慣が一生続くようにするメソッドなのです。

「だったら、3週間と言わず、もっと期間を短くしてもいいんじゃない？」

そう思われた方もいるかもしれません。

詳しくはPROLOGUEに譲りますが、脳にはあなたを目標まで突き動かしてくれる「GPS機能」があります。

自動車を運転する際にカーナビに目的地を入力すればGPSが勝手に導いてくれますが、実は脳にも同じ機能があるのです。

そして、この脳の「GPS機能」が定着する期間が「3週間」だとわかっているのです。

本書の「3 Weeksメソッド」は、この脳の「GPS機能」の原理に基づき、3週間で習慣を定着させ、その後、習慣が自動的に続くようにするメソッドです。

「体型が変わったら、早起きも読書も禁煙もできるようになった」

とはいえ、かくいう私もかつては「習慣化」が全くできない人間でした。

私は以前、外資系企業で働いていましたが、長年の不摂生がたたり、社会人になって12キロも太ってしまいました。

そこで、何度もジョギングを習慣化しようとしましたが、結局、3日と持ちませんでした。

ダイエットだけではありません。

中国語の勉強を習慣化しようとしましたが、こちらは5日は何とか続いたものの、それきりで、いつのまにか参考書を開かなくなっていました。

しかし、「認知科学コーチング」により脳の特性に合った「人間の行動原理」を知ることで、「背伸びした期間」が習慣化を阻んでいることを知りました。

あえて「3週間」を目指すようになってから、いろいろな習慣が続くようになりました。

ジョギングの習慣は今ではもう8年も続いています。

中国語の勉強は今では6年も続き、中国語圏の友人や知人との会話を楽しんでいます。

この「3 Weeksメソッド」をやってもらったクライアントからも、

「運動習慣が全くなかったのに早朝の散歩が5年以上続いている」

「ジャンクフードが大好きだったのに、もう1年以上食べていない」

「大嫌いだった語学の勉強が全く苦にならなくなった」

という声が多数届いており、これまでに指導した3000人が「習慣化」に成功してきました。

さらにこの「3 Weeksメソッド」を実践した方の多くが体験しているのが、**「ひとつの習慣が身につくと、あらゆる習慣が身につく」ということです。**

たとえば、運動の習慣化に成功した人の脳は、それをポジティブな情報として認識し、ジャンクフードも控えるようになります。

それがさらにポジティブな情報として脳に伝わり、次に早起きも習慣化され、禁煙も習慣化され、読書の習慣も身につき――。

「人生は習慣が決める」ということは自明のことですが、その大きな理由として、このように「習慣」というものは、ひとつ良い習慣が身につくとその他の多くのことの習慣化にも派生するのです。

あなたがこれまで習慣化できなかったのは、あなたが悪いわけではありません。取り組みの方法が適切でなかっただけです。

本書の「3 Weeksメソッド」で、多くの人が「習慣化」の喜びを感じ、人生を大きく変えてくれたら、こんなに嬉しいことはありません。

習慣は
3週間だけ
続けなさい

CONTENTS

目次

PROLOGUE

なぜ習慣は3週間だけ続ければいいのか？

――21日間を目指すと、習慣は一生続く

WEEK 0 準備 21日間に入る前に

――「外発的動機」をつくる

1st WEEK 導入 1日目〜7日目

――「自己効力感」を高める

2nd WEEK 継続 8日目〜14日目

——「自己効力感」を維持する

3rd WEEK

定着 15日目〜21日目

——「内発的動機」をつくる

EPILOGUE 習慣が一生続く世界へ

PROLOGUE

なぜ習慣は3週間だけ続ければいいのか？

――21日間を目指すと、習慣は一生続く

「はじめに」をお読みいただいたことで、
習慣はあえて3週間を目指すと長く続くこと、
そして、それは
脳の「GPS機能」が定着する期間が3週間だから
ということが、わかっていただけたと思います。

では、この脳の「GPS機能」を働かせるには
どうしたらいいのか？
そもそも、脳の「GPS機能」とは何なのか？

実際に習慣化メソッドに取り組んでいただく前に、
まずは、脳の「GPS機能」の原理を
明らかにすることで、
本書の「3 Weeksメソッド」のエッセンスを
紹介していきましょう。

なぜ、「これまでの習慣化」では続かなかったのか？

脳には、目標まであなたを突き動かす「ＧＰＳ機能」があった！

「今年こそ健康的な生活を送る」
「来月から朝型に生活リズムを切り替える」
「来週から英語をもっと勉強する」

年明けや月初め、週初めに新しい習慣を始めようと目標を立てる人も多いはずです。

どうにかして今の生活を変えたい。夢や目標を達成したい。

ただ、多くの人は継続できず、挫折してしまっているのではないでしょうか。

そのたびに、自分がなぜ習慣化に失敗するのか原因を考えたはずです。根気がない、努力できない、体力がない……。「自分は新しいことを始めるのに向いていないかも」といつのまにか諦める人もいるかもしれませんが、本書を手に取っていただいたあなたは諦めきれず、習慣化のスキルを何とか手に入れたいはずです。

安心してください。

あなたが習慣化を身につけられなかったのは、根気がないわけでも努力ができないわけでも体力がないわけでもありません。

あなたが新しい習慣をライフスタイルに組み込めないのは、脳の問題なのです。脳の「GPS機能」をうまく活用できていなかったのです。

脳の「GPS機能」と聞いてもピンとこないかもしれませんが、GPS機能はあなたも日頃から使っているでしょう。

GPSはグローバル・ポジショニング・システムの略で、人工衛星（GPS衛星）の電波を受信して現在位置を特定する仕組みです。

自動車のカーナビゲーションシステムやスマートフォン（スマホ）の地図アプリ、「ポケモンGO」などのゲームでも使われています。

方向音痴でもスマホの地図アプリに目的地を入れれば、自分の位置情報と目的地への道順を示してくれるのはGPS機能のおかげです。

GPS機能を十分に使うには目的地は明確な方が便利です。

たとえば、渋谷のレストランで友達と待ち合わせをしたものの場所がわからないときに、店名や住所を入力すれば目的地まで最短の道のりを示して導いてくれます。「渋谷駅」と入力するだけではレストランまでは案内してもらえません。

「そんなの当たり前では」と思われたかもしれませんが、多くの人は脳の「GPS」

には目的地をしっかり入力していないのです。

スマホのＧＰＳも脳の「ＧＰＳ機能」も同じです。

目標が明確でないと、到着地点の指示を受け取れず、どこに行けばいいかわかりません。習慣が続かないのです。

脳の「ＧＰＳ機能」を使わないと欲望に流される

習慣化するには習慣の目的地を明確にすることが重要なのです。

ですから、たとえば「健康的な生活を送る」「朝型に切り替える」では不明瞭なのです。具体的に何をすればいいのか脳は判断できません。

渋谷のレストランに行きたいのに「渋谷駅」と入力しているような状態です。

「健康的な生活を送る」でしたら「今月はお風呂に入る前に毎日10回腕立て伏せをする」、「朝型に切り替える」ならば「これから3週間、平日は朝6時に起きる」のように測定可能な目標にすることで脳の「ＧＰＳ機能」は発動します。

多くの人が習慣化できない語学も、脳の「GPS機能」がうまく働くように目的地を設定すればいいのです。

「英語を毎日30分勉強する」ではなく「毎日30分勉強して、来年までにTOEICを今より200点高いスコアにする」と具体的な目標を掲げることで「GPS機能」は働きます。

目標をより明確にすれば、その目標に向けて脳は指示を出します。

これまでのあなたがダメなわけではなく、目標の立て方が脳の原理にマッチしていなかっただけなのです。

人が意識的に行動するときには脳の「GPS機能」が必ず発動しています。

運動や勉強、ダイエットを始めて、うまく習慣化できている人は本人が意識しているかはともかく、脳の「GPS機能」をうまく働かせています。

では、逆に「GPS機能」を働かせないと私たちはどうなるのでしょうか。

欲望にひたすら流されてしまいます。

仕事をしなければいけないのにスマホをいじってしまう、食べ過ぎとわかっているのにデザートをコンビニで買ってしまう、寒くて面倒くさいから毎朝の散歩に行かない……。


誰にでもそうした経験はあるはずです。

脳が快楽を感じるかどうかが行為のトリガーになっています。

脳が気持ちよく感じるか、不快に感じるかが、行為を継続できるか、挫折してしまうかを分けるといっても言い過ぎではありません。

本書ではこの認知科学の仕組みをうまく使うことで習慣化に近づきます。

その仕組みこそが「GPS機能」なのです。

「GPS機能」をうまく活用できるようになれば、最初は気が進まなかった習慣化への取り組みもモチベーションを高く維持しながら続けることが可能になります。

いつのまにか取り組みそのものが楽しくなり、目標に向かっての行為が不快でなくなります。

最終的には「習慣化のためにやらなくては」と意識することなく、日常生活に組み込めるようになります。

今の時代はあらゆるところに誘惑が転がっています。

習慣化が挫折しかねない原因はいくらでもあるわけです。

あなたも、幾度となく誘惑に負けてしまったはずです。

そうした環境下で欲望に支配されずに自分を律するにはこれまでとやり方を変えるしかありません。

そして、それは脳の「GPS機能」を使うことで軽々と実現できてしまうのです。

脳の「GPS機能」=脳のラス機能

「脳の『GPS機能』はなんかわかるような気もするけど本当かな……」

ここまで読んでおそらく半信半疑に思うでしょうが、脳の「GPS機能」は科学的知見に基づいています。

脳の「GPS機能」はたとえで、正式にはラス(RAS:Reticular Activating System:網様体賦活系)という部位の働きのひとつです。

ラスは1949年にピサ大学のH・W・マグンとジュゼッペ・モルッチという科学者によって発見されました。

脳内で眠りと目覚めを調整する神経を調べていたところ、ラスを見つけたのです。

その後も科学者たちが研究を進めた結果、ラスは脳に入るほとんど全ての情報を中継していることが明らかになりました。

脳はラスから送られてきた情報をもとにいろいろ考えたり、感じたりし、どのような行動をとるべきか体に指示を送ります。

人が見るもの、聞くもの、触るもの、感じるものは、全て体の感覚神経を通ってラスに送られます。

脳内でどのような思考や感情が生み出されるか、行動意欲が起こるかどうかは、ラス次第だといえます。

ラスは「情報の仕分け場」です。

どの情報が必要でどの情報がいらないか、必要な情報にどのくらい注意を向ければいいかまで判断します。

この機能は非常に重要です。

脳には大量の情報が流れ込んでいます。

一説によりますと、人は毎秒4億ビット（1ビットはコンピュータが扱うデータの最小単位）もの情報を処理しています。

もちろん、あなたがそれを意識することはありません。そんな大量の情報を意識的に処理しようとすれば脳は混乱します。

この情報の取捨を担っているのがラスなのです。入ってくる情報をふるい分けて、何に注意を向けさせるか、どれくらい関心を呼び起こすか、どの情報をシャットアウトして脳に届かないようにするかを判断します。

重要なのは、ラスがどのようにして情報を仕分けるかです。この情報の仕分けこそが「GPS機能」になります。

ラスは入ってくる情報を選り分け、注意を引くべき順に優先順位をつけます。外部からの情報を仕分けして、自分の考えにぴったり合う情報や、自分が普段から親しんでいる物事の情報を拾い上げます。そして、拾った情報に自分の意識を引きつけます。

その仕分けの精度を高めるには目標を明確にしなければいけません。

目標をはっきりさせることで重要な情報に焦点を当てられます。

スマホのGPSに対して自分がどこへ行きたいかをはっきりさせれば、どうやって行くかがわからなくても、あとは導いてくれるのと同じです。

目標さえ決めればラスがそこへたどり着くための情報を集め始めます。他の情報に惑わされそうになっても、すぐに行くべき道を示してくれます。

専門家の中には戦争で使う攻撃用ミサイルにラスをたとえる人もいます。

ミサイルは目標の座標を入力して発射ボタンを押せば、何もしなくても勝手にそこまで飛んでいきます。

いくら邪魔されようが目的地を目指します。

ラスも目的地にたどり着くまで周囲にどんな情報があっても、重要な情報だけを拾い続けます。

脳の「GPS機能」が働く原理

原理1 「絶対にこうなりたい！」
――「外発的動機」が脳のラス機能を働かせる

脳の「GPS機能」を働かせることが習慣化の大きなポイントになることは理解できたと思います。

それなら、脳の「GPS機能」はどう動かせばいいの？というのがあなたの疑問でしょう。

これには少しばかり工夫がいります。

というのも、本来、脳の「GPS機能」は楽しい、嬉しいなどの感情を伴う行動に反応します。

ただ、残念ながら習慣化に向けた行動は取り組み始めた当初はどちらかというとしんどかったり、つらかったりが大半のはずです。

語学も筋トレも嬉々として取り組めれば多くの人は習慣化に苦労しません。

取り組みそのものは、あまり面白くないはずです。

ですから、「GPS機能」をうまく働かせるには仕掛けが必要になります。

脳をだまさなければいけません。

まず、あなたは習慣化を身につけるに際して何かしらの理想があるはずです。

「あの人みたいになりたい」という漠然とした将来像です。

これを「外発的動機」と呼びますが、まず、この動機を持つことが誰でも無理なく「GPS機能」を自然に働かせる第一歩となります。

外発的動機は「あの人みたいになりたい」「将来はこうしたい」という憧れのようなイメージ像です。

これをもう少し正確に定義しますと、「行為そのものではなく、外部からもたらされるものを目標として、その目標を実現するために行為を行おうとすること」となります。

わかりやすいのがビジネスの現場です。

ビジネスにおける外発的動機づけは、上司が部下に何らかの仕事を行ってほしいとき、もしくは、少し背伸びをした仕事を与え成長してほしいときに、提示するケースが多く見受けられます。

「ノルマを達成したら、ボーナスが10万円多く出ます」
「今期の営業成績が前期以上だったら昇進できます」

と言われたら頑張る人も多いはずです。

これは「報酬」という外発的動機です。

行為そのものではない動機によって行動が促されています。

このように報酬や義務や賞罰、強制などによってもたらされる動機づけが外発的動機に当てはまります。

外発的動機は何らかの目的を達成するために用いられることが大半です。

仕事以外でも、

「憧れの大学に行きたいから受験勉強を頑張る」

「モテたいからダイエットを頑張る」

これらも外発的動機づけになります。お金がもらえる、偉くなれる、有名になれる、モテるなどが身近ではわかりやすい例でしょう。

おそらくあなたも何か新しいことを始める際は外発的動機がきっかけになっている

はずです。

ただ、気をつけなければいけません。一般的に外発的動機づけの効果は一時的なものといわれているからです。

たとえば、仕事で成果を出したら多額のボーナスをもらえることを動機に頑張っても、「お金はもらえるけれども、面白くないな」と感じる人は少なくないはずです。

ですから、きっかけとしては非常に有効ですが、長い期間にわたって仕事をし続ける、成長し続ける際には、必ずしも効果的な動機にはなりえません。


本来は、「行為そのものが楽しい状態（内発的動機）」で取り組めればベストですが、それができていればすでに習慣化は成功しています。

あまり楽しくないから苦しんでいるのです。

「報酬のために取り組むのはおかしい」と思う人もいるかもしれませんが、楽しいからやる状態（内発的動機）に到達させるには脳の機能を考えるとステップを踏む必要があります。

無意識に行動できるようにするには初期段階では一定の報酬が必要なのです。

外発的動機はなぜ「GPS機能」を働かせるか

気が向かない行動を習慣化するためには、まずなりたい姿、ありたい姿を外発的動機で明確にして「GPS機能」を働かせることが効果的です。

この際に可能な限り目標は明確にすべきです。

なぜならば、目標を明確に描くことで脳の「GPS機能」(ラス)がそれを重要な情報として認識しやすくなるからです。

ラスは重要な情報に焦点を当てる働きを担っています。

目標が視覚化されれば、脳はそれを重要な情報として認識し、集中しやすくなります。ラスが優先的に処理するきっかけとなるのです。

脳にとって目標を達成することで得られる報酬や充足感は強力な動機づけになります。

外発的動機には目標達成によって得られる報酬やポジティブな刺激が関連づいていますので、ラスは反応します。「ノルマを達成したらボーナスがもらえる」という目標があれば刺激になり、習慣化に向けた行動を促します。

脳は変化を嫌います。

意識的に新しいことに取り組む処理能力も限られています。

ですから、限られたリソースを最適に利用する効率主義の構造です。

外発的動機で特定の明確な目標を持ち、脳の注意を向けさせることで「GPS機能」を優先的に働かせることが可能になります。

ただ、外発的動機づけによって「GPS機能」が働くのは意識的につくられた状態です。脳の仕組みをうまく利用して脳をだました状態ともいえます。

持続性に欠けていて、ずっとは続きません。

このモチベーションが高まっている状態を維持するためには、最終的には「行為そのものが楽しい」と感じる「内発的動機づけ」での行為につなげる必要があります。

そのステップとして、次に必要になるのが「自己効力感」の向上です。

原理2 「実現できる気しかしない！」
――「自己効力感」が脳のラス機能を強化する

「自己効力感？　自己肯定感じゃないの？」

おそらくそのような思いを抱いたのではないでしょうか。

「自己効力感」という言葉を初めて聞いたかもしれません。

「自己効力感」はカナダの心理学者アルバート・バンデューラによって提唱された概念です。

これは「人が行動や成果を求められる状況において、自分は必要な行動をとって、結果を出せると考えられる力」のことです。

簡単にいいますと、「自分ならばできる」と考えられる状態です。

ですから、「自分は達成できる」「自分には能力がある」という確信があれば「自己効力感が高い」といえます。

一方で、「自分には無理だ」「自分には能力がない」と思ってしまえば、「自己効力感が低い」といえます。

たとえば、あなたが新入社員の営業職で顧客にプレゼンして自社の商品を売り込む必要があるとします。

会社に入りたてなので、まだプレゼンをまともにした経験はありませんが、会社にとっては重要な顧客なので失敗は許されません。

その際にあなたはどう思うでしょうか。

「自分ならうまく説明できるし、セールスすることができる！」と思えれば自己効力感が高い人となります。

反対に「自分はうまく説明できる自信がない。セールスできずに失敗するかもしれない」と思ってしまうのは自己効力感の低い人です。

「新人だったら、みんな自信がないのでは」と思われたかもしれませんが、自己効力感には周囲の意見や、客観的に実現可能かどうかは関係ありません。
目標を設定した時点で達成までの道のりが全く見えないどころか想像できなくても関係ありません。

「自分ができる」と思っているかどうかが全てです。

ですから、周りの人が「絶対にできない！」と止めても、自分が「絶対にできる！」と思えれば自己効力感は高いといえます。
反対に、難題に挑む際に自己効力感が高くない状態では、周りに止められることで不安になってやめてしまうでしょう。

まとめますと、自己効力感は現状の外側に置いたゴール、つまり、やったことがないこと、想像すらできないこと、今の自分には明らかに難しいことに対して、自分はできる！　絶対にできる！　やるぞ！　と心から思える気持ちのことです。

一語にしてしまうと、「根拠のない自信」ともいえるでしょう。

よくビジネスで成功するのは「賢い人」よりも「行動する人」だといわれます。

確かに行動しなければ何も生まれませんが、賢い人は根拠やリスクを考えてしまいがちです。そして、後先考えずにすぐに行動できる人はどういう人かというと「やれる」自信がある自己効力感が高い人なのです。

自己効力感は「未来」、自己肯定感は「過去と今」への自信

自己効力感に似た言葉に自己肯定感があります。

自己肯定感とは、自己を尊重し、自身の価値を感じることができ、自身の存在を肯定できる力です。

自己肯定感が高い状態だと、「ありのままの自分を受け入れること」ができるので、失敗したときでも、ダメージは小さくて済みます。

「今度は頑張ろう」「失敗しても気にするな。それでも自分には価値がある」と捉えられるからです。

つまり、自己肯定感とは「できてもできなくても、ありのままの自分を受け入れられる力」となります。

これは自己効力感が「できると自分を信じられる力」であることとはかなり異なります。

何が異なるかというと、この2つには「できない自分をどう捉えるか」という点に大きな違いがあります。

自己肯定感が高い人は「失敗してもいい」に行き着くわけですから自分を変える必要がありません。できてもできなくてもいいわけですから、自己効力感が高くなりにくいといえます。

また、「自己効力感」と「自己肯定感」は、自分に対する肯定や自信を表現する言葉としては共通していますが、どの時点での自分を評価しているかが決定的に違います。

自己肯定感はあくまで過去や現在の自分を対象としています。

だから、できなくてもいいわけです。

それに対して、自己効力感は「達成できるか」どうかで変わるので未来の自分が評価対象になります。

つまり、「私はできた！」が自己肯定感であり、「私はできる！」が自己効力感になります。

自己効力感と脳の「GPS機能」

では、なぜ習慣化に自己効力感が必要なのでしょうか。

なぜ、自己効力感が高いと脳の「GPS機能」（ラス）が働くのでしょうか。

これは自己効力感が特定の課題や目標に対する信念であることに関係しています。

そして、「私は絶対にできる」「できないはずがない」という信念が強ければ、目標を明確にイメージできます。視覚化できるのです。

たとえば、起業時に「絶対に5年後に年商1億円にする」と自信があればあるほど

5年後の自分の姿、事業内容や年収、ライフスタイルなどが鮮やかにイメージできるはずです。

そして、イメージできればできるほど脳のラスはそれを重要な情報と思い込み、目標達成に必要な情報に焦点を当てます。

結果的に行動を起こしやすくなり、習慣化につながります。

自己効力感は行動への動機づけにもなります。

目標に対して「自分は絶対に達成できる」と自信を持って行動すれば何かしらの経験を得られます。

たとえば、TOEIC500点の人が「絶対に1年後に990点満点をとる。絶対にできる」と自己効力感が高い状態で勉強を続けたとします。

結果的に満点には届かなかったものの、900点までスコアがアップしたとします。悔しいけれども、400点もスコアをアップさせた経験から得られたポジティブな感情がラスに強く影響して、勉強をますます促すことになります。

さらに自己効力感は高まります。良いスパイラルが生まれます。

また、当たり前ですが、自己効力感が高いと難題に直面しても前向きな姿勢を保てます。少し雲行きが怪しくなっても「自分はできる」と思い込めているのですから、ストレスも感じにくくなります。

これはラスの働きにおいて非常に意味があります。

ストレスの負荷が脳にかかるとラスの注意の焦点が乱れるからです。

注意の焦点が乱れないことで目標に向けた行動が継続しやすくなります。

前項でお伝えしましたが、人が新たに挑戦するときは「外発的動機（魅力的な目標）」がまず必要です。

目標をいかに明確に立てるかは重要ですが、「ちょっと達成できそうもないな」と感じてしまうと、人は動けません。

達成できる道筋が見えなければ行動しても無駄になると思ってしまったことはあなたも経験があるはずです。

ですから、「達成できる」という感覚が必要になります。

あなたは「それならば最初から達成できそうな目標を設定すればいいのでは」と思うかもしれません。目標のハードルが低ければ、達成できる確率は高まります。

ただ、これは自己効力感とは関係ありません。

自己効力感を高めてラス機能を働かせるには、目標の客観的な高さは関係ないのです。

繰り返しになりますが、自分が「できると思うかどうか」です。


たとえば、あなたが起業するとします。

その際に「5年後に会社を株式上場させる」という目標よりも、「5年後に年商1億円にする」という目標の方が達成するのは簡単でしょう。

ただ、あなたが「私は絶対に5年後に上場させる」と強く思い、自分にはできるという信念さえあれば、困難な目標でもラス機能は強化されます。

達成の難易度や現実的かどうかは自己効力感に関係ないことは覚えておいてください。

原理3「それそのものが楽しい！」
――「内発的動機」が脳のラス機能を定着させる

習慣化のプロセスで最終的に重要になるのが「内発的動機」です。

「内発的動機」は、文字通り人の内側から湧き上がる動機です。内的で本質的な欲求によって引き起こされるものです。

個人の行動を後押しする内面から湧き上がるモチベーションと考えるとわかりやすいでしょう。

この場合のモチベーションは、報酬や称賛などの外部からの動機とは関係ありません。

自分自身から発生しています。

つまり、お金や名声、出世、評判などではなく、物事に対する興味や関心、そこから生まれるやりがいや達成感、楽しさなどが当てはまります。

たとえば、「ぽっこりお腹をシックスパックになるまで鍛えてモテたい」という理由で筋トレを始めた人が、いつのまにか筋トレすること自体が楽しくなっていることがよくあります。

取り組んでいる間に、モテるかどうかはどうでもよくなって、腹筋することが爽快で楽しい、体がみるみる変わって面白いから毎日やらないと気が済まない。

こうした変化は、まさに行動の動機づけが「外発的動機」から「内発的動機」にうまく切り替わった例といえるでしょう。

あなたも内発的動機づけで行動しているはずです。

おそらく多くの人にとっては趣味が内発的動機による行為でしょう。

たとえば会社員で休日に草野球をしている人は野球そのものが好きだからプレーしている人がほとんどでしょう。

野球選手になってお金を稼ぎたい人は皆無なわけです。

同じように休みの日に早起きして釣りに出かける人も、お金のためや仕事のためではなく「釣りが楽しいから」が理由のはずです。

人にどう思われるかは関係なく、損得でもない。自分が心から好きだから没頭する、行為そのものが楽しいから取り組む。これは内発的動機づけによる行動といえます。

なぜ、内発的動機が脳の「GPS機能」を定着させるのか

外発的動機で目的地を明確にすることで脳の「GPS機能」(ラス)をうまく働かせられるようになります。習慣化に向けた行動に取り組み行動を脳に意識させ、反復しやすい体制を整えます。

次に日々、行動を繰り返す中で挫折しないように「私ならばできる」という自己効力感を高めます。自己効力感を高めることでラスはさらにその行動の情報を優先して処理するようになり、「GPS機能」は強化されます。

そして第3段階で習慣化に向けて行動指針となってきたラスを定着させ、習慣化の

プロセスを万全にします。

内発的動機は脳の「GPS機能」を定着させます。それには感情が大きな役割を担っています。

内発的動機は内面から湧き上がるモチベーションですから、個人の情熱や好奇心に深く根ざしています。

楽しさや嬉しさや喜びなどですね。

この情熱や興味が脳によって認識され、ラスを通じて注意を引くと、感情の中枢が活性化されます。

その行為をすると楽しい、嬉しいなどのように感情と結びつくわけです。

そして、感情の結びつきが強いほど、脳はその情報を重要視し、ラスはその情報を長期記憶として定着させる傾向があります。

新しい挑戦は外発的動機で取り組むケースが大半です。

「あんなふうになりたい」「お金がほしい」「とにかく痩せたい」という目標をイメー

ジして始めます。

ただ、内発的動機がなければ続きません。

なぜならば、行為自体が楽しくなかったり、嬉しくなかったりしたら、嫌になって飽きてしまうからです。

あなたの周りを見渡しても、長く続くことは感情に結びついているケースがほとんどではないでしょうか。

「ダイエットしてモテたい」と目標を立てても誘惑に負けて甘いものを食べてしまうのは、甘いものを食べたいという感情に基づくものだからです。

甘いものに目がない人は外発的動機が小さく、おいしいものを食べると嬉しいという内発的動機に動かされているともいえます。

逆に、ダイエットするのが楽しいとなれば甘いものは食べなくなります。

実際、内発的動機による行動が個人にとって意味のあるものになると、脳内でドーパミンと呼ばれる快楽物質が分泌されます。

これが脳の中の報酬系を活性化し、内発的動機が生む満足感や喜びが脳に強く印象づけられます。

ラスは報酬に対して貪欲です。報酬が得られる行為に注意を向けてその情報を優先します。もっと報酬をよこせ、もっと報酬をよこせとなるのです。

報酬が「内発的動機」に由来する場合、同様の報酬を得られる行動を後押しします。このプロセスによって内発的動機を継続的に育むことが可能になります。

報酬だけでなく成功体験やポジティブな感情を得られる体験を脳は積極的に探しています。ラスはその情報に着目して、同じような成功体験を再現する行動を促します。

また、内発的動機が高まると、人は自らのスキルと課題のバランスがとれる**「フロー状態」**に入りやすくなります。

フロー状態では、時間を忘れるほど集中力が高まります。

あなたも仕事や勉強でおそらく一度は体感したことがあるでしょう。あれは内発的動機がもたらすものなのです。

この「フロー状態」を体験すると、脳はその経験を特に重要視するので、ラスを通じて深い学習や行動の定着につながります。

行動の動機が内発的動機に基づくようになれば、意識しなくても毎日の行動に組み込めるようになります。

「ああ、嫌だな」という気持ちを抱かずに取り組めるようになっているはずです。歯を磨くのも自転車に乗るのも、筋トレも語学も変わらず向き合っている自分がいるはずです。

習慣化に向けて行動を始めたばかりのときは勉強や筋トレ、ジョギング、食事制限などは苦行以外のなにものでもないかもしれません。

ただ、認知科学のプロセスをうまく生かすことで苦しいことを楽しいことに変えることもできるのです。

脳の「GPS機能」は3週間で定着する

なぜ脳の「GPS機能」は3週間で定着するのか?

おそらく、本書を手に取ったあなたの最大の疑問は「3週間続けるだけで本当に習慣が定着するかどうか」ではないでしょうか。

確かに、これまで何度も習慣化に挫折してきた人の中には「1カ月続けたけど、習慣化できなかった」「2カ月続けたけどしんどくなってやめちゃった」という人もいるかもしれません。

習慣化には一定の継続は必要ですが、必ずしも長く続ければいいというわけではありません。

重要なのはプロセスです。

脳の「GPS機能」は、複雑な神経ネットワークの一部であり、情報の仕分け場であることはこれまでにお伝えしてきました。

大量の情報の中から人が重要な情報と認識した情報を抽出し、特定の行動を後押しします。

これにより目標を達成したり、習慣化につなげたりすることが可能になります。

ですから、どの情報を取り入れるか、どのくらいの注意を向けるかを選択するプロセスをつくることが新しい行動や習慣を獲得する際には欠かせないわけですが、このプロセスは習慣化に向けた行動を始めてからの最初の3週間が特に重要になります。

なぜ、1週間でも半年でもなく3週間かというと、**脳の仕組みが変わるのに必要な**

期間がちょうど3週間だからです。

新しい行動や習慣を始めると、脳内のシナプス結合が変化し、それに伴って神経回路が強化されます。このプロセスを神経可塑性と呼びます。初めての行動や情報に対して神経回路が新しく形成されることで、脳の「GPS機能」はそれを重要な情報として認識しやすくなります。

また、習慣の定着には反復が必要です。

3週間あれば、行動や習慣を十分な回数繰り返すことで神経回路が十分に安定化し、ラスがその情報を無意識に認識できるようになります。

この過程において、行動が無意識的かつ自動的に行われるようになり、それが習慣の定着につながります。

つまり、3週間続けることで、神経可塑性と反復の相互作用によって神経回路が変わります。

脳が変わるのです。

ですから、3週間さえ続ければあなたの脳はその習慣を一生続ける脳に変わるといってもいいでしょう。

もちろん、3週間続けるのも難しく感じているかもしれません。

私も新しい挑戦に挫折したことは少なくありませんが、今、振り返れば、正しい取り組み方を知らなかっただけです。

正しい手順を踏めば、誰もが無理なく続けられて、一生ものの「習慣化」メソッドを手に入れられます。

では、実際にどのようなステップを踏めばいいのか。PROLOGUEでお伝えした「外発的動機」「自己効力感」「内発的動機」をどのように高めればいいのか。

それぞれ、見ていきましょう。

WEEK 0

準備

21日間に入る前に

――「外発的動機」をつくる

PROLOGUEをお読みいただいて、
脳の「GPS機能」が働く原理が
わかっていただけたでしょう。

習慣の定着のために、最終的には
「それそのものが、やっていて楽しい状態」
にする必要がありますが、
始めたばかりのころはどうしても苦痛なものです。

そこで「外発的動機」を利用します。
まずは「21日間」にいきなり入るのではなく、
その前に「絶対にこうなりたい！」という
イメージを強く持ち、
面倒な習慣に対して、自分を突き動かすのです。

では、どうしたら「外発的動機」をつくれるのか？
WEEK 0でそのやり方を紹介していきましょう。

「絶対にこうなりたい！」のイメージが強いほど、脳の「GPS機能」が働く

なぜ「外発的動機」が必要か？

新しい習慣を身につけるには脳の「GPS機能」をうまく作動させることが不可欠です。

私たちの脳は膨大な情報を常時受け取っていますが、その中から重要な情報を選択して取り上げ、注意を向けるには指針が必要になります。

その指針が明確であればあるほど情報の取捨の精度は高まり、特定の行動を後押しします。

カーナビやスマホの地図アプリを使うときに、目的地の情報が明確であればあるほど目的地までスムーズに案内してもらえるのと同じです。

ですから、何か行動する際には、「これが脳にとって重要な情報になる」という「意味づけ」が不可欠になります。

意味づけによって「GPS機能」は特定の行動や目標に意識的に注意を向けるようになります。

行動に意味づけできずに「GPS機能」を発動させられないと、人は欲望に流されます。仕事をしなければいけないのにスマホをいじり、節制しないといけないのに甘いものを食べ続けてしまうのです。

でも、これは脳の仕組みの問題です。

あなたの根気や気力の問題ではないのです。

脳は面倒くさがり屋ともいえます。

ですから、面倒くさがり屋の脳に働いてもらって行動を習慣化するには意味づけ、動機づけが重要になるのです。

特に習慣を新しくつくろうとする初期段階で有効なのは「外発的動機」です。

「外発的動機」とは自分の内部にある興味や関心などではなく、外部からもたらされる報酬や評価、昇進などを目標として、その目標を実現するために行動することです。

たとえば、「子どもがお小遣いをもらうために家事を手伝う」のは、典型的な外発的動機づけです。

仕事では、たとえば「成果報酬や昇進などを目標に仕事をする」ことなどが、外発的動機づけになります。

外発的動機が習慣化の初期段階で効果的なのは報酬や利益と結びついているからです。

あなたも、「筋トレは楽しいから毎日頑張ろうよ」と言われてもあまり続かないかもしれませんが「マッチョになったら絶対にモテるから筋トレを頑張ろう」と動機づけされたら意欲が湧く確率は高まるでしょう。

同じように「学生なのだから勉強しろ」と言われてもやる気が起きなくても「毎日勉強すれば有名大学に入れる」と言われたらちょっとやってみようかなと思うはずです。

つまり、面倒くさがり屋の脳にわかりやすい報酬を示してあげる必要があるのです。

これは脳の報酬系が快感や報酬を伴う行動に対して活性化されるからです。特定の行動と報酬が結びつくことで、脳はその行動に対する動機づけが高まり、「GPS機能」はその情報を重要と認識します。

その行動に焦点を当て、繰り返し行うように後押しするので、結果的に習慣を形成するのに役立ちます。

外発的動機はいわば「わかりやすいメリット」ともいえます。

自分の内部から意欲が湧かないときに外部からの報酬が湧かせてくれるのです。

新しく行動を起こす際にモチベーションを向上させて行動に動機を与えてくれます。

外発的動機があることで行動に対する興味が湧き、「やってみよう」と人は取り組むことができます。

習慣形成に向けた行動の初期段階では取り組みに対して腰が重くなることもしばしばあります。

「つらいな」「やりたくないな」と挫折しがちです。

こうした状況を乗り越えるためにも外発的動機をうまく使って脳の「GPS機能」を働かせることが欠かせません。

「絶対にこうなりたい！」はどんな習慣にもある

習慣化を始める際には目的地を明確にすることが最も重要になります。

そして、目的地はあなたがワクワクするようなものがベストです。

つまり外発的動機です。それによって脳の報酬系が活発になりやってみようとなるわけです。

ですから、動機は立派なものでなくてかまいません。

むしろ心の底から自分を行動させる動機やなりたい目標を掲げましょう。

「働きたくないからお金持ちになりたい」「モテたいからマッチョになりたい」「かっこよく思われたいから英語を話せるようになりたい」「日本が嫌だから海外に住みたい」などなど。

みなさんの中には「習慣化に向けて動機が大切なことはわかっているよ」と感じた方もいるかもしれません。

「私にだって『こうなりたい』という理想はあります。それでも続きません」という声も聞こえてきそうです。

確かに誰もが目標を立てて新しい習慣をつくろうと行動したことはあるでしょう。

そして、その際には習慣化に向けて必要な動機を持ち合わせていたはずです。

その習慣を身につけることによる将来像、イケている自分を描いていたはずです。

それなのに、うまくいかなかったのはなぜでしょうか。

結論からお伝えしますと、あなたの願望が脳の「ＧＰＳ機能」をうまく動かせなかったからです。

その理由はいくつか考えられますが、次の６つのどれかに当てはまるはずです。

１　願望であって目標でない

習慣化に向けてはまず願望が重要です。

「こうなりたい」「あの人みたいになりたい」。何でもいいでしょう。

心から願っていることがあなたを動機づけるはずですから、偽りのない願望でいいのです。

ただ、願望は具体的な目標として表現されていない場合、習慣化においては意味を持ちません。

なぜならば、その願望を実現するための具体的な道のりや計画が見えてこないからです。

たとえば、「TOEIC800点を目指す」のように語学試験のスコアをアップさせたいという思いを心に抱いている人は多いでしょう。

ただ、残念ながらこれでは願望のままです。

いつまでに、どのようにして目指すのかが全くわかりません。「毎日30分勉強して1年後にTOEIC800点を目指す」とすることで初めてゴールが認識でき、具体的なステップが見えてきます。

習慣化の成功には、願望を目標として明確化して、そして、計画に落とし込む工程が必要です。

筋トレでしたら「モテたいからマッチョになりたい」という願望があったらそれをわかりやすく目標として設定します。

マッチョといってもゴリゴリのマッチョになりたいのか痩せマッチョなのかでイ

メージは変わります。

もし痩せマッチョだったら何をもって痩せマッチョとするのか。「腹筋をシックスパックにする」くらいの具体性が必要でしょう。

では、いつまでにシックスパックを実現するのか。

半年後なのか1年後なのか2年後なのか。それによって、毎日どれくらい腹筋するかも変わってくるはずです。

現在の体型からシックスパックになるにはどれくらいの月日が必要か。最近はYouTubeなどにも筋トレに関する動画がたくさん投稿されていますので、そういうものを参考に計画に落とし込みます。


誰でも何かを行動を起こすときには「絶対にこうなりたい！」があります。

そしてそれが習慣化に向けたけん引役になります。

ただ、実際に脳の「GPS機能」を動かすには、具体化しなければいけません。目標が不明確だったり、実現可能なステップが不足していたりすると、脳の「GPS機能」は注意を向けることができず、行動の継続が難しくなるのです。

2 モチベーションが維持できない

モチベーションがあるにもかかわらず、習慣化が長期間にわたって続かないことがあります。

たとえば「新年の目標」を立てる人は多いですが、半年後にどれだけの人が続いているでしょうか。

これは、初期のやる気が後になるにつれて衰え、挫折感や焦燥感が生じることと関係しています。

では、なぜやる気が徐々になくなっていくかですが、これは一般的に外発的動機づけの効果が短期間といわれているからです。

「モテたいから毎日筋トレを30分頑張るぞ」と誓ったところで、「別にモテなくていいか」となってしまった経験がある人もいるはずです。

モチベーションの維持が困難であれば、当然ですが、習慣は定着しにくくなります。

3 適切な環境が用意されていない

経営コンサルタントの大前研一氏は自分を変える簡単な方法は3つしかないと喝破しています。

それは「時間配分を変えること」「付き合う人を変えること」、そして最後が「住む場所を変えること」です。

いずれも大きくいえば、自分そのものを変えるのではなく、環境を変えることが共通しています。

新しい習慣を身につけることは、まさに自分を変えることです。

ですから、適切な環境を用意してあげれば、新しい行動を促すことができます。反対に環境を整えることができなければ、新しい習慣化を妨げる原因になります。

環境を整えると聞くと難しそうに思えるかもしれません。お金がかかるのではと心配になる人もいるかもしれません。

しかし、ほんのちょっとした意識で環境は変えられます。

たとえば、「甘いものを3カ月食べない」と決めたら、冷凍庫にアイスを入れなかったり、仕事帰りにコンビニに寄らなかったりするだけで、甘いものから距離をとれます。

強制的に環境をつくってしまえば、目標を達成しやすくなります。

同じように、「毎朝ランニングをする」と決めていたら、枕元にジョギングウェアを置いたり、運動靴を常に玄関に用意したりするなどの環境をつくるとすぐに行動に移せます。

一方、習慣づくりのための環境を整えていない場合、習慣を継続させるのは難しくなってしまいます。

「ウェアが見当たらないし、面倒くさいな。今日はいいか」と挫折する可能性が出てきます。

4 行動の自動化までの時間と努力が理解できていない

習慣づくりには時間と努力が必要です。

「腹筋してシックスパックになる」と目標を掲げてもそれまで筋トレに一切取り組んでいなかった人が1週間や2週間で腹筋が割れることはありません。

同じように「英語をしゃべれるようになりたい」と目標を掲げても一朝一夕にペラペラにはなりません。

行動が習慣として定着するまでには、何度も繰り返し練習する必要があります。すぐに成果を求め、その過程に耐えることができない場合、習慣化は難しくなります。

5 過去の失敗経験から心理的ブロックを発動する

過去に同じような目標や習慣を達成できなかった経験が、心理的なブロックを引き起こすことがあります。

これはダイエットに失敗した人が何度も失敗してしまうことがわかりやすい例でしょう。「ああ、またうまくいかなかった」と負のスパイラルに陥ってしまい、挑戦に対して前向きになれなくなります。

過去の失敗が自信を損ない、新たな試みに対する抵抗感を生むことがあるのです。

6 習慣化プロセスの理解不足

習慣化のプロセスやメカニズムを理解していないことが、習慣化を妨げる原因となります。

なぜ習慣づくりができるのか、それを続けるためにはどのようなアプローチが必要なのかを理解していない場合、効果的な戦略をとりにくくなります。

おそらく、みなさんの大半はこの6については共通して理解ができていなかったはずです（ですから、習慣化の本を手に取ったはずです）。

これらの要因は複雑に絡み合い、ひとつだけではなく複数が同時に影響していることもあります。

習慣づくりには、明確な目標設定、モチベーションの維持、適切な環境の整備、効果的な戦略の理解などが不可欠ですが、**中でも重要なのが明確な目標設定です。**

願望や漠然とした憧れのイメージを明確な目標に落とし込むことで脳の「GPS機能」がしっかり働きます。

どの情報を取り入れて、どの情報を取り入れるべきではないかの取捨の精度が高まります。

その結果、特定の行動にあなたを集中させ、「目的地」まで導いてくれるはずです。

習慣を一つに絞る

なぜ、習慣を一つに絞ることが必要なのか?

外発的動機づけは、外部からの刺激や報酬によって行動を促します。

「痩せたい」「お金持ちになりたい」「英語をペラペラしゃべれるようになりたい」などその刺激や報酬は人によってさまざまでしょう。

みなさんの中には「お金持ちにもなりたいし、マッチョにもなって英語もしゃべれるようになりたい」とあれもこれもしたい人も少なくないでしょうが、習慣づくりにおいてはまず外発的動機をひとつに設定しましょう。

なりたい自分をひとつに定めて、取り組むべき習慣も絞ります。

「えっ、ひとつしか習慣を身につけられないの」と思われた方もいるでしょうが、安心してください。

まず、ひとつの習慣に絞って習慣化のプロセスを身につけましょう。

そうすれば同じ方法でいくつもの習慣を簡単に身につけられます。

それは私や多くのクライアントが身をもって証明しています。

では、なぜ同時に進めるべきではないのでしょうか。

これは人間の認知負荷と大きく関係しています。

人間の脳は同時に多くの情報を処理することが難しい構造になっています。

意識的に処理する作業を可能な限り減らそうとしています。

新しい習慣に向けた行動は脳にとってはイレギュラーの作業ですから、負荷がかかります。

それが複数ともなれば、脳の認知負荷はさらに増加します。

ひとつの習慣に焦点を当てることで、脳は特定の行動に集中しやすくなり、新しい習慣を形成しやすくなります。

この焦点の絞り込みによって、脳の「GPS機能」が動機と行動を結びつけ、外発的動機が強化されます。

外発的動機は報酬系を刺激して行動を強化するので、動機を絞ることで、「GPS機能」は働かせやすくなります。

絞った動機にひもづく行動を後押しするので、その習慣が続けられる確率が高まるのです。

たとえば、「理想の体型になりたい」「ハリウッド俳優みたいに英語をペラペラしゃべりたい」という2つの外発的動機づけがあったとします。

当然、その目標に向けて取り組むべき習慣は異なります。

理想の体型になるには食生活の改善や筋トレが必要でしょう。

一方、ハリウッド俳優みたいに英語を話すには地道なリスニングやスピーキングの練習が欠かせませんし、外国人の友達をつくって交流するのも近道かもしれません。両立はできなくはありませんが、それらを同時にこなす生活を具体的にイメージするのは簡単ではありません。

外発的動機である「なりたい自分」をどちらかに絞った方が目標を明確にしやすくなり、それを実現する計画もクリアになり、習慣づくりもはかどります。


脳は変化を拒むことはお伝えしましたが、複数の習慣を同時につくろうとすると、変化への適応が極端に難しくなります。

ストレスや混乱が生じる可能性があります。

ひとつの動機に焦点を当てることで、変化が段階を経て、緩やかに進むため、心理的な安定性が高まります。

安定した環境が維持されることで、外発的動機が持続しやすくなります。

どのようにして習慣を一つに絞るのか？

おそらくあなたは思ったのではないでしょうか。

「習慣はひとつに絞った方がいいことはわかっても、取り組みたいことがいくつもある場合はどうすればいいのですか」

確かにマッチョにもなりたくて、英語もペラペラしゃべれるようになりたい場合、どちらに絞ればいいかは悩みます。筋トレを習慣にすべきか語学を習慣にすべきか。

ここでは何を基準にして選べばいいのかをお伝えします。

ポイントはあなたが最大化できる外発的動機につながる習慣を選ぶことです。

つまり、なぜマッチョになりたいのか、なぜ英語をペラペラしゃべりたいのかを突き詰めたとき、その動機が大きければ大きいほど習慣は飽きずに長続きする可能性が高まります。

1　興味と関心から選ぶ

まず、最も重視すべきは「その習慣が好きか」という点です。

習慣は個人の興味や関心に合ったものであるほど、当然ですが外発的動機が高まります。

自分が興味を持ち、関心に合った習慣は、継続しやすくなります。

外発的動機を最大化するために、興味深いトピックや活動に焦点を当てることが重要です。


外発的動機は立派でなくても問題ありません。

無理やり立派な動機を抱いて行動したところで、自分自身が心の底から望んでいなければ、習慣は続きません。

ですから、「モテたいから痩せたい」で食生活の改善を始めてもいいですし、テレビでかっこいい俳優を見て「ああ、私もこうなりたい」で筋トレを始めても問題ありません。

ＳＮＳで自由なライフスタイルを送るお金持ちを見て「こうなりたい」で投資の勉強を習慣にしてもいいでしょう。

直感的にワクワクする、心がときめくようなことを動機の基準にして、習慣づくりに乗り出しましょう。

あなたの心の中の欲求や欲望を満たしてくれる動機から目標を設定すれば、習慣づくりも難しくなくなるはずです。

2「具体性」と「明確性」があるかを確認する

人間が行動する際に目標を設定する重要性は広く知られています。

たとえば、営業担当者が目標を掲げるとより多くの商談をまとめられること、１日の運動のノルマを設定する者はより健康的な体を手に入れる可能性が高いことは研究でも実証されています。

そして目標は具体的であることが求められます。

「自らの最善を尽くす」というような抽象的な目標は、１カ月で10人の新規顧客を獲得する、1日1万歩を歩くなどの具体的な目標と比較して、はるかに効果が低いのはあなたも体感としてわかるでしょう。

自分が設定あるいは同意する目標は具体的でなければならないのは習慣づくりでも同じです。

抽象的な目標では外発的動機が弱まりやすく、進捗が見えにくくなります。

これは何度かお伝えしましたが、「TOEIC800点を目指す」よりは「毎日30分勉強して、1年後にTOEIC800点を目指す」の方が習慣づくりはしやすくなります。

「マッチョになる」ではなく「毎日腹筋を30回して1年後にシックスパックをつくる」の方が外発的動機は維持できます。

具体的で明確な目標を設定することで、達成感や損得が明確になり、外発的動機を高められます。

3 挑戦と適度な難易度を選ぶ

習慣は挑戦を含むことで、外発的動機を刺激します。

しかし、あまりにも目標の難度が高いと挫折感が生じ、外発的動機が低下する可能性があります。

これには個人差もありますが、多くの人はあまりにも目標を高く掲げすぎると、習慣化が困難になりがちです。

たとえば、「TOEICで400点台の人が「半年後に800点を目指す」よりは「半年後に600点台を目指す」の方がモチベーションは高まり、取り組みは継続しやすい傾向にあります。

適度な難易度の目標を設定することで、挑戦を楽しむことができ、「英語をしゃべれるようになりたい」という外発的動機も向上します。

これらのポイントを検討することで、習慣をひとつに絞り込み、外発的動機を最大化することが可能になります。

ひとりひとり、何を習慣にするべきかに正解はありません。

自分がまず取り組むべき習慣を見つけることが重要であり、習慣化に向けて柔軟性を持って調整することが成功への鍵となります。


みなさんの中には「ひとつに絞るということはひとつしか習慣化できないのか……」と思われた方もいるかもしれません。

安心してください。あくまでも、「これまで習慣化ができず苦しんできた人はまず絞ってみましょう」ということです。

他の目標を全て捨てろと言っているわけではありません。


ひとつ習慣化できれば、2つ目からは楽になります。

あとからいくらでも習慣化できます。

まずは、ひとつの目標に向けた取り組みを習慣化するメソッドを手に入れましょう。

「絶対にこうなりたい！」のイメージを強化する方法

STEP 1 「こうなった未来」の状況を明確に具体的に挙げる

なぜ、イメージが必要か？

これまでお伝えしたように、習慣化を始めるに際して、最初は漠然とした憧れや願望からでも全く問題ありません。

「テレビで見たあのモデルのように痩せたい」「かっこいいし海外で働きたいから英語を話せるようになりたい」程度でOKです。

重要なのは憧れでもいいから動機づけて、困難だった習慣化に向けて動き出すことです。

ただ、実際に取り組む段階では願望や憧れを明確な形にしていく必要があります。自分の理想の未来を具体的にイメージすることで外発的動機を強化して、脳の「GPS機能」を発動させます。

たとえば私の知人で10キロ以上のダイエットに成功した人はみなイメージングをしています。5キロ痩せた自分、10キロ痩せた自分をイメージして、「痩せたら、こんな服を着て外出したい」「ドレスを着てパーティーに出たい」など理想の自分をありありと思い浮かべています。

このように具体的なイメージが外発的動機をつくるのになぜ重要かは、認知科学の観点では大きく分けて次の7点あります。

1 感情の駆動力の向上

理想の未来を具体的に描くことは、感情の駆動力を高めます。

人は感情によって行動が強く影響される生き物であり、理想の未来をイメージすることでそこに結びつく感情や喜びを体験します。

「こうなりたい」の姿が具体的であればあるほど感情や喜びで脳が刺激されます。

2 脳の報酬系の活性化

理想の未来を具体的にイメージすることで感情が働くと、脳の報酬系が活性化されます。

嬉しさや喜び、達成感が脳内で報酬を感じる神経回路を刺激して、外発的動機につながります。

脳は報酬を求める傾向があります。報酬に貪欲です。

理想の未来を実現するための習慣が報酬をもたらすと認識すれば習慣化に向けた行

動に注意を払うことになり、習慣化を後押しします。

3 目標の明確化と方向性の提供

理想の未来を明確にイメージすることが、個々の目標を具体的にして、方向性を提供します。

漠然とした目標では外発的動機が弱まりやすく、行動の動機づけが難しくなります。

しかし、具体的で明確な未来のビジョンは、行動の目的をはっきりさせ、習慣形成の道筋を示します。

4 意欲と希望の維持

理想の未来を明確にイメージすることは、意欲と希望を維持する助けになります。

挑戦や困難に直面した際、明確なビジョンを持つことで進むべき方向を再確認し、希望を持ち続けることができます。

「英語をしゃべれるようになって海外で働きたい」といった将来像があれば挫折しそうになっても前進できます。

これにより、外発的動機が持続し、習慣形成への意欲が高まります。

5 行動の一貫性促進と調整

理想の未来を具体的に描くことは、行動の一貫性を促進し、適応力を養います。

未来のビジョンが明確であれば、その目標に向かって一貫して行動する傾向が強まります。

同時に、変化や調整が必要な場合にも、理想の未来を基準に調整しやすくなります。

6 身近な目標と達成感の得られるステップの設定

理想の未来を描くことで、その大きな目標を小さなステップに分割しやすくなります。

小さな目標を達成することで、達成感や成功体験が得られ、外発的動機が強化されます。

これにより、習慣形成が進む上でのモチベーションが維持されます。

7 ポジティブな心理的影響

理想の未来をイメージすることは、ポジティブな心理的影響をもたらします。嬉しい、楽しいというポジティブな感情や希望を抱くことは、外発的動機を増強し、習慣形成をサポートします。

逆に、ネガティブな感情や不確実性が外発的動機を削ぐことがあります。

自分の理想の未来を具体的にイメージすることは、外発的動機をつくり上げ、習慣づくりの強力な手段となります。

では、どのようにイメージすればよいのかをここではお伝えします。

自分の部屋など落ち着ける環境で次の2つのステップを試してみてください。

1 理想の未来の状況をイメージする

新しい習慣が身についた未来の自分を具体的にイメージします。

たとえば、ジョギングを新しい習慣とした場合、毎朝爽やかな朝を迎え、エネルギッシュで健康的な体を感じることができる自分の姿をイメージしてください。

英語学習が新しい習慣である場合、英語を話している自分の姿や海外旅行を楽しんでいる自分の姿をイメージしてください。

2 五感を活用してイメージする

理想の未来の姿のイメージをより強固にするために、五感をフル活用しましょう。

具体的な未来の状況を視覚、聴覚、触覚、嗅覚、味覚で感じることで、イメージがより鮮明になります。

たとえば、筋骨隆々の体を手に入れたい場合、筋トレによって汗をかいた感触や鍛え抜かれた体の見た目、運動を終えた後の食事の味わい、予定通りのトレーニングを達成したときの喜びの感情を五感で味わうようにイメージングします。

五感を活用したイメージングと聞くと難しそうに感じるかもしれませんが、方法は非常にシンプルです。

習慣が身について理想のライフスタイルを送っている自分を想像してみてください。「周りにどんな景色が見えるか」「どんな匂いがするか」「どんな音がするか」「どんなものがあってどんな肌触りなのか」と自分に問いかけてみてください。

もし、あなたが海辺の家に住んで毎朝サーフィンをして過ごしたいという理想のイメージがあったとします。

おそらく波の音が聞こえて、磯の香りがするでしょう。

海辺の家といっても海との距離はどのくらいでしょうか。

周りには何があるのか、何が見えるのかと自分に問いかけることで「海辺の家で過ごしたい理想」もかなりリアルに描けるようになります。

五感を使うことで、誰もが理想の姿を具体化できます。

STEP 2 「ラフなプラン」をつくる

外発的動機をつくるには、理想の自分の姿をありありとイメージする姿勢が欠かせません。

どこまで具体的に描けるかはともかく、習慣化したいと考えた多くの人は理想の未来のイメージ自体はこれまでも描いてきたはずです。

それでも習慣化に挫折してしまったのはイメージが明確でなかったことにくわえて、その理想の未来にたどり着く道のりを思い浮かべられなかったからかもしれません。

これは理想のイメージが曖昧だからそこへの道のりが描けないともいえます。

人間は目標を示されても、実際に行動するに際してどのように取り組むのかのプロ

セスがないと動けません。

目標を達成するためのプロセスが全くない状態では、脳が目標を追い求めるモチベーションを維持できないのです。

では、どのようにすれば道のりを描けるのでしょうか。

道のりを描く際に重要なのはあくまでも「ラフなプラン」にすることです。ゆるい計画をつくります。

たとえば、運動を全くしていなかった人が腹筋をシックスパックにするというイメージを描いて、「毎日100回腹筋する」とプランを練っても、おそらく続かないはずです。

同じように「TOEICの点数は今400点だけど900点をとって外資系企業で働く」という理想を掲げても、勉強習慣がなければ「毎日2時間勉強する」と決めたところで続かない可能性が高いでしょう。

最初の数日はできても、ハードルが高すぎると「自分はできる」「やり遂げられる」という自信が持てず挫折してしまうからです。

ですから、最初から完璧なプラン、ハードルが高いプランをつくらずに、あえてラフにつくる必要があります。

取り組んでいれば仕事の都合でできなかった、やる気が起きずにサボってしまった日も出てくるはずです。

ラフなプランならば、そうした事態にも対応できます。進捗も実感しやすく、モチベーションを高く維持することができます。

具体的には次のような点に気をつけつつ、新しい習慣を3週間で身につけるためのラフなプランを策定してみましょう。

1 目標の具体的な設定

最初に、理想の未来の自分を実現するために身につけたい習慣を具体的に設定します。

たとえば、健康的な生活を送りたいならば、毎日30分の散歩や毎日5分間の瞑想、英語をペラペラしゃべれるようになりたいならば、毎日15分単語を覚えるなど、具体的な行動や時間枠を明確に定めましょう。

この目標は、達成が可能であると感じることが重要です。


ここで注意しなければいけないのは、理想の自分になるのに適切な習慣かどうかを見極める必要があることです。

たとえば、ぽっこりしたお腹をシックスパックにするのに腹筋の習慣を身につけたり、英語をしゃべれるようになりたいので単語の勉強習慣を身につけたりは最適な手段でしょう。

ただ、よくありがちなのですが「70キロの体重を65キロまで落としたい」と理想をイメージしてジョギングの習慣を身につけても実現は難しいかもしれません。

というのも、ダイエットには食事の影響の方が大きいからです。

体重を落としたいのならば、運動よりも食生活を見直す習慣を身につける方が効果的です。

このように自分の目指すゴールにひもづく習慣で具体的な目標を設定しましょう。

2週ごとのスモールステップの設定

習慣を3週間で身につけるために、週ごとに小さなステップを設定します。最初の週は、小さく始め、できるだけ毎日行い、少しずつ増やしていくプランを立てます。

ここで気をつけなければいけないのは「頑張りすぎない」ことです。むしろ、自分でも「負荷が軽すぎるのではないかな」と思うくらいステップを刻んで始めましょう。

2週目からは徐々に負荷を増やしていき、2週目の最後には目標の回数や時間を達成するまで負荷を上げていきます。

3週目は習慣を定着させるため、習慣とする目標の回数や時間を維持しながら続けるプランを立てます。

たとえば、毎朝30分の散歩を習慣とする場合、最初は最小単位で「1日1分」から始めても問題ありません。

とはいっても1分だと物足りないので、無理のない範囲で、5分や10分から始めてもOKです。

注意すべきなのは、張り切りすぎて最初から最終目標の30分をいきなり達成したり、30分以上散歩したりはしないようにすることです。

習慣化のゴールは継続することです。

息を吸うかのように自然とその行動がとれるようになることです。

ですから、継続性の観点に立って、無理のない範囲で始めて、続けることが重要です。

2週目では負荷を上げて、2週目の最後には30分歩く目標にし、3週目は毎日30分を目標にする、といったスケジュールを立てます。

新しい習慣をつくろうとするとどうしても張り切ってしまいます。

焦らずに段階を踏むことを強く意識しましょう。

「運動習慣を身につけます！」と宣言して、初日からジムで1時間筋トレして、走ってひざを痛め、挫折してしまっては意味がありません。

習慣は継続して初めて習慣になるのです。

3 毎日のスケジュールへの組み込み

習慣を身につけるためには、それを毎日のスケジュールに組み込むことが欠かせません。

毎日同じ時間や同じ場所で取り組むことで、脳はその行動を習慣として認識しやすくなります。

たとえば、毎日英語を30分勉強するのならば「早起きして朝6時から勉強する」と時間を固定しましょう。

筋トレや散歩なども時間をあらかじめ固定して他の予定を入れないようにしましょう。

予定表やアラームを利用して、決まった時間にその習慣に取り組めるように工夫することが重要です。

4 進捗の可視化とフィードバック

進捗を可視化し、定期的にフィードバックを取り入れることも重要です。週ごとに目標の達成度をチェックし、進捗が見えるようにグラフやメモを活用します。

達成したことに対しては自分へのほめ言葉など小さなご褒美を用意することで、脳にポジティブな刺激を与え、習慣形成をサポートします。

気をつけなければいけないのは、自分が達成した目標を台無しにするご褒美はNGということです。

減量達成のご褒美がピザやケーキであれば、頑張った成果の一部を帳消しにし、悪しき習慣を再び身につけてしまう可能性が高まります。

自分を鼓舞したり、カレンダーにシールを貼ったり、チェックしたりと、気持ちが前向きになれる仕組みがよいでしょう。

5 柔軟性の確保

事前にいろいろと考えて、しっかりプランニングしても、思ったようにうまくいかないことはよくあります。

ガチガチに計画をつくってしまうと、想定外の事態が起きたときや想定通りに進捗しないときに身動きがとれなくなります。

「ああ、うまくいきそうもない」と落ち込んでしまって、習慣化に向けた行動を諦めることになりかねません。

イレギュラーなことが起きても挫折しないためには、計画に余裕を持たせなければいけません。

あくまでもラフなプランをつくってそれを柔軟に調整する姿勢が大切になります。

計画を立てて取り組んでみたものの、達成するのが予想以上に難しそうな場合は、目標を少し下げたり、スケジュールを変更したりしましょう。

柔軟性を持って計画を調整することで、継続しやすい環境を整えられます。

これらのポイントを組み合わせることで、新しい習慣を3週間で身につけやすいラフなプランを作成できるはずです。

STEP 3 その習慣に関連する「環境」に身を置く

なぜ「環境」が大事なのか？

人間は置かれた環境で大きく変わります。

会社でもある部署ではあまり目立たなかった人が部署を異動したり、上司が変わったりすると目を見張るような業績を残したりすることは珍しくありません。

習慣形成も同じで環境は切り離せません。

認知科学の観点では環境が習慣化の行動のトリガーを提供すると考えられていま

す。

環境は行動に大きな影響を与えます。

環境が特定の行動のトリガーになることで、その行動が自動的に発生しやすくなります。

人間がある環境に身を置くことで、特定の習慣が自然な行動として組み込まれ、努力なく継続できるようになるのです。

たとえば、玄関に運動靴を置き、運動靴を履きやすくすれば、運動する環境が整い、運動が日課になりやすくなります。

靴を置いていなかったり、ジョギングウェアが見当たらなかったりすると「もう、面倒くさいからいいや」と断念する可能性が出てきます。

また、環境整備は外発的動機を補強する効果があります。

外部からの刺激や報酬が行動のモチベーションを高めることは、習慣づくりにおいて重要です。

たとえば、運動の習慣を身につける場合、運動用具やウェアを普段から見える場所に置いておくことで、運動を思い出しやすくし、外発的な動機づけを促します。

自分がやめたい習慣がある場合も環境づくりは効果的です。

たとえば、飲酒をやめようと思ったら、お酒を飲めない環境に身を置けばいいのです。

家の冷蔵庫にお酒を常備しない、コンビニやスーパーなどお酒を買えるような場所に極力行かない、お酒を飲む場所に行かないなどの工夫をすれば自然とお酒を控えるようになるはずです。

環境を整えることで、習慣がデフォルト（標準）の行動となります。

脳はエネルギーの節約を好み、簡単で効率的な行動を選ぶ傾向があります。

習慣に関連する環境を整えることで、その習慣が最も自然な選択として浮かび上がり、脳はそれを優先的に選ぶようになります。

たとえば、健康的な食事をデフォルトにするには、家に健康的な食材を常備し、ジャンクフードを置かないなどの環境整備が有効です。

ここまでは自分の行動を促したり、律したりするための環境づくりでしたが、もうひとつコミュニティとしての環境づくりも外発的動機をつくるのには有効です。周りの環境によって刺激を受けて、外発的動機を高められます。

友達や家族に自分の目標を共有することや、コミュニティを主宰したり、参加したりすることで、共に取り組む仲間が見つかると習慣を後押ししてくれます。

こうした社会的つながりがあると、モチベーションが維持されやすくなるからです。

たとえば、運動でも仲間と一緒にトレーニングすることで、習慣がより強固になり、モチベーションが維持されます。

そうした環境に一旦身を置くことで、他者から刺激を受け、なりたい理想の姿をより明確にできます。

無理せず環境を整えて、外発的動機を高める

環境の重要性を認識しても、いざ環境を整えるとなると腰が重い人もいるかもしれません。

無理せず環境を整えて外発的動機を高められるポイントをいくつかお伝えします。

1 環境整備

習慣に関連する環境整備は、その行動を促す土台を築く重要なステップです。

たとえば、毎日の運動習慣を身につけたい場合、運動用具やウェアをリビングルームやベッドルームの目立つ場所に配置します。

これにより、自宅にいる際に運動について思い出しやすくなり、実際に行動しやすくなります。

2 環境の可視化

目標となる習慣を環境の中に可視化することで、脳に定着しやすくなります。

たとえば、健康的な食習慣を身につけたい場合、キッチンに新鮮な果物や野菜を置き、ジャンクフードを目立たない場所に移動させます。

視界に入りやすい位置に健康的な選択肢を配置することで、自然な選択として受け入れやすくなります。

3 便利な場所への配置

習慣に必要な道具を、使いやすかったり手に取りやすかったりする場所に配置することで、行動がスムーズになります。

たとえば、読書の習慣を身につけたい場合、本を常に手の届く場所に置くか、バッグに入れて持ち歩くなどします。

これにより、思いたったらすぐに習慣化に向けた行動に取り組めます。

行動の開始までのハードルが大幅に低くなり、習慣づくりが効果的に進みます。

4 デフォルトの設定

習慣をデフォルトの選択として組み込むことも環境づくりに効果的です。

これは、行動の障壁を減少させ、習慣が自動的に起こりやすくするアプローチです。

たとえば、毎日の習慣を特定の時間帯に設定し、その時間には他の予定を入れないようにします。

毎朝7時から15分散歩するのならば、あらかじめスケジュールをブロックしてしまいます。

これにより、その時間には習慣に取り組む環境がデフォルトとなり、取り組みやすくなります。

5 リマインダーやトリガーの活用

これはスケジュールのブロックとも少し重なりますが、リマインダーやトリガーを活用して、定期的に習慣を思い出すことで習慣に取り組む環境をつくりましょう。

たとえば、スマートフォンのアラームやカレンダーに定期的な通知を設定することで、習慣に対する注意を保つことができます。

7時から毎朝散歩に行くのならばその10分前にアラームを設定してもいいでしょう。

また、毎日の進捗をカレンダーやトラッキングアプリで視覚的に確認するのもおすすめです。

目標に対する取り組みが具体的に感じられて、外発的動機を強化します。

6 社会的つながりを利用する

友達、家族、またはコミュニティのメンバーと一緒に習慣を身につけることは、大きなモチベーションになります。

同じ目標を共有し、お互いに励まし合うことで、習慣形成がより楽しくなります。たとえば、健康的な食習慣を身につけたい場合、友達と共同でレシピを考え、週に一度共同でクッキングセッションを行うと効果的でしょう。

誰かと一緒に行動しなくても、たとえば筋トレを頑張りたいなら、筋トレを頑張っている人がたくさんいるジムに行くのもいいでしょう。

本格的に筋トレをしようと思うのならば24時間利用可能なジムではなく、「ゴールドジム」のようなジムに行った方がムキムキの人たちがたくさんいるので、刺激をもらえるはずですし、なりたい姿も鮮明になるはずです。

同じように語学を本格的に勉強したければ、思い切って外国に留学したり、海外で働いたりも考えられるでしょう。

強制的に外国語を話さなければいけない環境に身を置けば、真剣に取り組まざるをえなくなります。

自分がなりたい姿の人たちがいるところに身を置くというのは私の経験でも習慣化

の過程で非常に重要です。

私の場合、起業に興味があったので起業家コミュニティに入りました。

それにより「こうなりたい」という外発的動機が大きくなりました。

そのころ、私は外資系メーカーで働く会社員でしたが、朝始発で出かけて、夜10時くらいまで会社にいるのが当たり前でした。

起業家コミュニティにはもちろん、朝から晩まで仕事をする人もいますが、そうでない人も少なくありませんでした。

1日数時間集中して働くだけで、月100万円、200万円、中には1000万円以上稼ぐ人もいたのです。

「起業」と聞くとモーレツに働いているイメージがあったのですが、そういう人たちに出会えたことで「こんな世界があるのか」と気づかされました。

当時、起業に関心はあったものの怖いイメージも捨てきれませんでした。

今まで知らなかった世界をのぞいたことで、初期投資や固定費をかけなくても起業できる方法はいくつもあるし、生産性さえ保てれば朝から晩まで働く必要がないことがわかったのです。

そして、コミュニティで話を聞いているうちに、「起業で成功している人は決して特別な人ではない。やり方を間違えなければ自分でもできるかもしれない」と感じられるようになりました。

「起業に興味はあるけれども怖いし、ちょっと難しいかな」と考えていた自分はいなくなり、「自分にもできるかもしれない」といつのまにかマインドが変わっていたのです。

まさに、なりたいという理想に関連する環境に身を置いた効果といえます。


一人でイメージしているとなかなかわかりにくいことも、そういう環境に飛び込むことで、明確にイメージが湧いて、自分の理想に到達することが決して難しくなくなるのです。


習慣に関連する環境整備は、脳の仕組みや行動心理学の原則に基づいています。

環境が望ましい行動をサポートし、外発的動機を補強することで、新しい習慣が効果的につくられます。

環境整備を通じて、習慣が自然な行動となり、継続が容易になるように工夫することが重要です。

あなたもお伝えしたアプローチを組み合わせることで、身の回りの環境を整えてみてください。

自分のライフスタイルや目標に合わせて、これらの方法を実践することが新しい習慣化を後押ししてくれるはずです。

1st WEEK

導入

1日目～7日目

――「自己効力感」を高める

WEEK 0をお読みいただいたことで、
なぜ「外発的動機」が大事かが
わかっていただけたでしょう。

まずはまだ苦痛な状態にある習慣に対して、
自分を動かすために「外発的動機」を利用します。

では次にどうすればいいのか？
それが「自己効力感」を利用することです。
「できる気しかしない！」という感情を利用することで、
自分を前へ前へと突き動かすのです。

では、どうしたら「自己効力感」をつくれるのか？
1st WEEKでそのやり方を紹介していきましょう。

42％が最初の7日間で挫折

本書では新しい習慣を3週間で身につけるための取り組みを大きく4つに分けています。

WEEK 0の準備期間、そして1st WEEKから3rd WEEKまでを7日ずつの3段階に区切っています。

それぞれのWEEKでもちろん課題はあるのですが、習慣化においては1st WEEK、つまり最初の7日間が非常に重要な意味を持ちます。

昔から、飽きっぽくて何をしても長続きしないことを「三日坊主」といいましたが、何かを始めよう、習慣化しようと思っても多くの人は続きません。

実際、一般の人が新しい習慣を身につけようとしたときに約4割の人が最初の1週間で挫折します。


習慣化コンサルタントの古川武士さんは著作の中で、クライアント150人に「どの時期で習慣化に挫折しましたか」とインタビューしたところ、最初の7日間の挫折率が42%もあったことを示しています。

42%と聞くと「そんなに高いのか」と思われるかもしれませんが、私の会社のコーチングプログラムでも同じような結果が示されています。

コーチングを実施する前にクライアントにヒヤリングした結果、約4割の人がそれまで習慣化に取り組んでも1週間で挫折したと回答しています。

実際、あなたも経験があるはずです。

年初めや年度初めに「やるぞ」と決意を新たに目標を掲げたものの、気づいたらやめていた習慣のひとつや2つは思い当たるのではないでしょうか。

新しいことに取り組むと、最初は慣れませんし、違和感があります。そのうち、「何か面倒くさいな」「別にやらなくてもいいか」と取り組みをやめてしまったかもしれません。

もしかすると、「自分は飽きっぽい」「何をしても長続きしない」と落ち込んだ人もいるかもしれませんが、これはあなたが悪いわけではありません。

人間の脳の構造が新しいことを拒否するようになっているのです。これは動物としての本能です。

未知の世界に踏み込むことに対して本能的に恐怖や不安を感じます。

ですから、夢や目標に向かっての行動であっても「新しい変化に抵抗し、いつも通りを維持しよう」とする本能が備わっているのです。

たとえば、みなさんの中には次のような経験をした人がいるはずです。

・普段は7時に起きているけれども、早起きで人生が変わる内容の本を読んで「この人、朝5時に起きているんだ。自分も5時起きにしよう！」と思って翌朝から5時

に起きようと意気込んだけれども、三日坊主で終わってしまった

・今年こそは、今までの1年とは違う飛躍の年にしようと年の初めに1年の目標を立てたけれども、いつのまにか忘れていた

これらはいずれも、人間を居心地のいいエリアに戻そうとする「コンフォートゾーン」の力が働いています。

コンフォートゾーンは主に心理学の世界で使われる言葉です。

コンフォートは英語で「快適な」、ゾーンは「範囲」という意味です。

コンフォートゾーンを簡単にいうと、「そのままでいたい」「現状のままがいい」と安心して行動できる範囲のことです。

これは人間が命を守るために備わっている機能です。この機能が働くのは、環境が変化したとしても、人間には常に体内の状態（体温・血液量・血液成分など）を一定に維持できる能力「ホメオスタシス（生体恒常性）」があるからです。

たとえば、気温が50度くらいの砂漠に行ったときに、体温も50度になったら生きていけません。

反対に、氷点下の寒冷地に行ったときに、私たちの体温が氷点下になってしまったら大変です。

でも、そうならないように人間は命を守るために体温を一定に保つという機能が備わっています。

ですから、コンフォートゾーンから出ると、内側に戻そうとする機能が働きます。

そのような強い力は体だけでなく心にも働きます。

コンフォートゾーンは、心理的縄張りとして壁になってくれることもありますが、人が「変わりたい」と思ったときにはブレーキになってしまいます。

変わりたいと思ったとしても、慣れ親しんだ居心地のいい環境（コンフォートゾーン）から動きたくないという機能が発動するからです。

たとえば、朝5時に起きようと思っても、それまでは7時に起きていた状態が快適だったわけですから、1、2日頑張ったところで、自然に身を任せていれば、7時起きに戻ってしまうのです。

このコンフォートゾーンに引き戻す力（ホメオスタシス）が最初の7日には強力に機能するため、習慣化に向けた行動が挫折しがちなのです。

挫折の原因＝「実現できる気しかしない！」の低下

多くの人が新しい習慣をつくろうと始めようとしても7日以内に挫折してしまう理由のキーワードとなるのが「自己効力感」です。これまでも何度か出てきましたが、自己効力感は「自分ができる」と信じる力です。

アルバート・バンデューラが提唱した「自己効力感理論」によりますと、人は自分がどれだけ目標を達成する能力を持っているかに基づいて行動します。

そして、自分の能力に自信を持つことが成功につながるとされています。

つまり、できると信じることが行動につながり、できる、間違いなくできると信じていればいるほど成功確率も高まるのです。

一方で、自己効力感が低下すると、目標に取り組むモチベーションが減少し、挫折する可能性が高まります。

人は目標を達成する際に自分自身に対する期待や信念を持ちますが、「できそうもない」と感じた場合、自己効力感が低下します。

負のイメージを抱くことで、その目標を達成する自信が減少し、逆に困難を意識して、挫折感が強まります。

自己効力感が低下する主な原因のひとつは、目標が実現可能性を感じさせない場合です。目標が過大であると、達成が難しいと感じ、挫折を招く可能性が高まります。

達成可能性が低いと感じた場合、人は目標に取り組む意欲を喪失し、行動を起こすことが難しくなります。

よく「目標は大きいほどいい」とはいいますが、本書では3週間で習慣化するために、あえて大きな目標は設定しないようにします。

たとえばTOEICで200点の人が「1年後に900点を目指す」、全く運動していない人が「毎日ジョギングを1時間する」という目標をいきなり掲げるのは、習慣化のためには危険かもしれません。

自己効力感はあくまでも主観なので、心の底から「できる」と信じられれば問題ありません。

ただ、理想の姿をありありと掲げていても、自分の気持ちの中に「ちょっとできそうもないな」という気持ちがあると継続は簡単ではなくなります。


自己効力感の低下が挫折を引き起こすと、これが悪循環を生むことがあります。挫折が続くと、再び同じ目標に取り組むことへの抵抗感が増し、過去の失敗経験が新たな目標に対する自己効力感を低下させます。

「どうせまたダメだろう」となって、どう頑張っても無理な状況に陥ってしまうケースはあなたも経験があるはずです。

これが積み重なり、継続的な挫折が自己効力感の悪化を招くことがあります。習慣化に向けて何かをしようという気すら起きなくなるのです。


みなさんの中には「私は運動経験が全くないけれども、明日から毎朝1時間、絶対にジョギングできる」のように、自己効力感が高い人もいるでしょうが、それはまれな例でしょう。

多くの人が無理なく自己効力感を高めるにはささやかであっても成功体験が非常に重要になります。小さな成功であっても自分の能力を実感することにつながり、自己効力感が向上します。

反対に、失敗が続くと、自分の能力に対する信念が揺らぎ、将来の成功に対する期待が低下します。

ですから、習慣化にこれまで失敗してきた人は大きさにこだわらずに成功体験を積むことが、挫折を克服し、自己効力感を回復させる重要な手段になります。

たとえば何年も7時に起きている人が「今年は早起きする。5時に起きる」という目標をいきなり立てるのはおすすめしません。「今月は6時50分に起きる」のように実現可能性が高い目標を立てて成功体験を積むことが重要になります。そうすることで自己効力感も高まり、最終的には5時に起きられ、目標を達成できたという自信をつかむことができます。

では、どのように成功体験を積めばいいのかを次項で具体的にお伝えします。

「自己効力感」を高める習慣の始め方

①小さく始める——「1日1回」「1日1分」から始める

自己効力感を高める具体的な方法としては「小さく始める」意識が欠かせません。
新しい取り組みを始める際に大きな目標を立てる人は少なくありません。
ただ、3週間で習慣化するためには、あえて大きな目標は設定しないようにします。
環境を劇的に変えるとホメオスタシスが働いて、元の状態に戻ろうとします。

人間の備わっている反発する力を制御しながら少しでも前に進むには、少しずつ変える、小さく始めることが重要になります。時間を短くしたり、取り組む範囲を小さくしたりすればいいのです。

小さく始めれば成功体験を得られます。「1時間ジョギングする」は難しいかもしれませんが「10分ジョギングする」ならばハードルはかなり低くなるからです。同じように「毎日すべての部屋を片づける」のではなく「5分間だけ片づける」「1部屋だけ片づける」のように設定すればいいのです。

小さな成功体験は、脳にポジティブな刺激をもたらし、成功体験が自己効力感を向上させることが実験的に示されています。小さなステップから始めることで、成功体験を得やすくなり、自己効力感を強化します。

また、脳は成功や達成感に応じてドーパミンを放出し、これがモチベーションや学習意欲の向上につながります。小さな目標の達成は、脳の報酬系統を活性化させ、自己効力感を高めます。

小さく始めるとストレスも軽減できるメリットがあります。人は大きな課題や目標に直面すると、達成するためのプレッシャーやストレスを感じてしまいます。

たとえば、「腕立て伏せを明日から50回やってください」と言われたら、筋トレ初心者は「ちょっとつらいな」と感じるはずです。ストレスを抱くでしょう。

一方、「明日は1回、明後日は2回、明々後日は3回やってください」と言われたら「それならできる」と思うはずです。

小さなステップから始めることで、自分に対するプレッシャーが軽減され、失敗が少なくなります。これにより、心が軽くなり、行動を継続する意欲が向上します。

習慣は、繰り返しの積み重ねによって構築されます。小さな目標の達成は、自己効力感を維持する土台となります。

また、大きな目標に一度に取り組むと、失敗が生じた場合に大きな挫折感を抱いたり、自信を喪失したりします。

一方、小さなステップで始めた場合、失敗も小さく、ダメージもコントロールしやすくなります。これが積み重なることで、失敗への抵抗力が向上し、自己効力感が損なわれにくくなります。

では、具体的に「小さく始める」にはどうすればいいのか。次の3つのポイントに注意してください。

1 目標とラフなプランの具体化と実践

習慣化を始める前に定めた目標とラフなプランをもとに、最初の1週間を小さなステップに分割します。

たとえば、習慣化の目標が「腹筋50回」であれば、「1日1回」からでも全く問題ありません。

「毎日運動する」が目標ならば「1日1分」で軽いストレッチや簡単なエクササイズくらいでもいいでしょう。

「月に1冊本を読む」が目標であれば、「1日2ページを読む」でもいいです。「こんなに簡単でいいの」と思うくらい小さく分割していいのです。むしろ、あなたが簡単に思えたらそれは適切なステップです。

ここで重要なのは、初めの段階では行動が簡単でアクセスも容易であることです。「毎日運動する」が目標の場合、移動したり、道具が必要だったりすると長続きしません。

また設定するステップは自分でコントロールできるものにしましょう。たとえば最終目標を1年後にTOEICの点数を200点上げることにしたとしても、点数は自分で完全にコントロールすることはできません。

ただ、「毎日10分勉強する」「毎日2ページ問題集を解く」でしたら自分で頑張ればできます。自分が行動することで完結するステップにしましょう。

行動することで達成できるステップを設けることで自己効力感の低下を避けられます。

余談ですが、私は会社を経営していますが業績管理評価のための重要な指標（KPI）には行動習慣の指標を入れるようにしています。

売り上げをいくら目指すという目標は必要ですが、それだけだと経済環境など個人ではどうしようもない要因にも左右されます。頑張ってもどうしようもないときもあります。

ですから、「お客様を○回訪問する」のように習慣化できる行動指標も盛り込むことで自己効力感を高く維持でき、挑戦し続けられる体制を整えています。

2 習慣化のタイミングの確立

小さなステップを習慣にするためには、固定されたタイミングを設定することが効果的です。

たとえば「毎朝6時半から散歩を10分する」のような形で毎日の生活に組み込んでしまうことで、脳がその行動を習慣として認識しやすくなります。

行動の前後にポジティブな言葉がけを自分に行うのも効果的です。自分に対して「小さなことでもいいからやってみよう」「よくできた」といった肯定的なメッセージを送ることで、自己効力感を高められます。

3 進捗の可視化

進捗を可視化し、小さな成功を自覚することが大切です。たとえば「健康的な生活を送る」という目標を立てて食習慣を見直しても、習慣化の道のりは平たんではありません。

いきなり極端な食事制限をしてもおそらく続かないはずです。方法はそれぞれでしょうが、毎日ウォーキングをするとしたら、1日の歩数を記録として残していくと自己効力感は高まるはずです。

毎日の歩数の積み重ねが可視化されれば、その延長線上に自分の理想の体型が見え、習慣化への取り組みは強固になるはずです。進捗を記録したり、チェックリストを作成したりすることで、達成感を得やすくなります。

「1日1回」「1日1分」の小さなステップから始めることができれば、自己効力感を育み、大きな目標に向けてのモチベーションを高められます。それが習慣化の基盤となるのです。

②少しずつでもいいから、「毎日」行う
――「1日1回」「1日1分」増やす

みなさんの中には、親や先生から「毎日、コツコツ勉強するのが大事だよ」と小さいころに言われた人も多いのではないでしょうか。

「いや、やるときに一気に大量にやればいいでしょ」と思っていた人もいるかもしれませんが、自己効力感を高めるためには、少しの量でも毎日継続する姿勢が重要になります。

これは脳の可塑性と関係しています。

脳は絶えず変化し、学習します。毎日少しずつ同じ行動を繰り返すことで、脳の可塑性が活性化され、新しい神経結合が形成されます。

これにより、脳がその行動に注意を払うため習慣として身につきやすくなり、自己効力感を強化する土台が築かれます。

たとえば、「1日1回を毎日」ではなく「1日3回やるから3日おきでもいいのでは」と思うかもしれませんが、日を空けてしまうと神経結合の形成が緩やかになります。

1週間に一度60分ジョギングするよりも、週6日毎日10分の方が新しい神経は形成されやすいのです。

毎日少しずつ行うことで、小さな成功体験を積み重ねることもできます。これが「成功体験の連鎖」を生み出し、自己効力感を向上させます。

小さな成功は、大きな目標に向けての自信とモチベーションを育む重要な要素です。少しずつ進めることで、継続的なモチベーションも保ちやすくなります。

大きな一度きりの努力ではなく、毎日少しずつ進むことで、目標達成への取り組みが持続的に続けられ、挫折を防ぐ効果があります。

また、少しずつでも目標を達成することで、脳内報酬系が活性化されます。これが達成感や喜びといった感情を生み出します。毎日の小さな成功が、脳にポジティブなフィードバックを与え、さらに自己効力感を高めます。

ですから、筋トレをジムに通って習慣化したい場合は少ない負荷でもジムに毎日通いましょう。

筋トレに詳しい人は「あれ？」と思われたかもしれません。

確かに、一度に全身を鍛える筋トレは、強度や回復力にもよりますが週に2、3日のトレーニングで十分といわれています。

脚、背中、胸などの大きな筋肉は回復に通常2~3日必要となるので、筋トレを毎日行っても筋肉の回復が追いつかず、逆効果になる可能性も指摘されています。

ただ、あくまでも習慣化を目的とした場合、とりあえず少ない負荷でもジムに毎日行くことを優先しましょう。ジムに毎日行くにあたり、今日は脚、明日は背中、明後日は胸というように筋トレで鍛える部位を変えることで、その部位を回復するための期間を設けることもできます。

毎日行くことで脳を慣れさせることが習慣化の土台になります。大きな課題にいきなり取り組むことはストレスを引き起こす一因ともなりますが、小さなステップで始めることは心に安定感をもたらします。

最初の1週間の「少しずつでもいいから、『毎日』行う」の具体的なやり方は次の6点になります。

1 目標とラフなプランの具体化と実践

「毎日」「行う」では、少しずついいので、回数や時間を増やしていきます。

たとえば、筋トレであれば1日目が1回なら、2回、3回、4回、……と増やしていきます。勉強でしたら1日に1分を2分、3分、4分、読書でしたら1日1ページを2ページ、3ページとともにかく小さく刻みましょう。

悪い習慣をやめたい場合も同じです。お酒が好きな人が突然禁酒するのは簡単ではありません。

毎日ビールを1リットル飲んでいたらまず半分にしてみる、同じ量を飲むにしてもアルコール度数が低いお酒に切り替えてみるなど少しずつ減らすことでホメオスタシスによる強い揺り戻しに負けなくなります。

たばこも1箱吸っていたら1本ずつ少なくするようなステップが重要になります。

気をつけなければいけないのは、目標にいきなり到達しようと焦らないことです。たとえば腹筋を50回するのが目標であれば「1回から始めて1日に1回ずつ増やすので間に合うのかな」と不安になるかもしれません。

ただ、1st WEEKでは回数そのものよりも成功体験を多く味わうことに重きを置いています。負荷を重くして、目標を意識するのは2nd WEEK以降の課題になります。「なんか物足りないな」とムズムズするくらいの負荷でいいのです。

負荷をかけすぎずに成功体験を積み重ねて、自分が前に進んでいる感覚を体感することを重視してください。

2 毎日同じ時間に割り当てる

行動を習慣化するためには、毎日同じ時間にその行動を割り当てることが効果的です。これにより、脳が特定の時間に特定の行動を行うことを覚え、習慣化が進みます。

3 明確なルーチンを確立

行動を毎日行うためには、それを特定のルーチンや環境と結びつけることが重要です。たとえば、「朝食前に散歩する」「入浴前に腹筋する」など、明確なルーチンを確立することで、行動が日常生活に自動的に組み込まれやすくなります。

4 連鎖効果を活用

小さな成功体験が連鎖効果を生むことがあります。たとえば5回できれば10回できる、10回できれば15回できると一度小さな目標を達成することで、次の目標にも前向きなエネルギーが生まれ、連鎖的に取り組むことができます。

5 進捗の可視化

達成したことを記録し、進捗を可視化することが自己効力感の向上につながります。小さなステップに分割すると取り組みを始めた当初は目標達成までの道のりを遠く感じることもありますが、進捗が見えることで、達成感や満足感を覚え、モチベーションを維持しやすくなります。

6 習慣化の報酬の設定

習慣が定着すると同時に、その行動に対する小さな報酬を設定します。自分へのささやかなご褒美や好きなアクティビティを行うことで、行動がよりポジティブな体験と結びつき、モチベーションが高まります。

これは進捗の可視化で、行動を達成したときに手帳にチェックする、自分に呼びかけるなどがよいでしょう。

気をつけなければいけないのは行動を台無しにするご褒美です。減量達成のご褒美がピザやケーキであれば、頑張った成果の一部を帳消しにしてしまう可能性が高くなります。早起きで成果を挙げたことのご褒美が、次の日に遅く起きてもよいというのもやめた方がいいでしょう。

これらの方法を実践することで、「少しずつでもいいから、毎日行う」ことが自己効力感の向上につながり、習慣化がより確実に進むはずです。

③毎日「達成感」を振り返る——「成長実感」を意識的に感じる

自己効力感を高めるためには達成感を毎日振り返ることが欠かせません。

1週目は自分でも「簡単にできる」と思えるくらいの小さいステップで始めるので、多くの人がクリアできると思います。

ただ、「できた」で終わるのではなく、達成感を振り返って、自分が「前に進んでいるんだ」という感覚を意識的に味わう姿勢が重要になります。

認知科学の観点では、達成感の振り返りは、ポジティブな感情を強化します。成功体験を思い出すことでポジティブな感情を引き起こし、ドーパミンなどの脳の報酬系を活性化させるからです。

ドーパミンは快感や報酬と関連しており、これが放出されることでモチベーションが向上し、自己効力感が強化されます。

達成感を振り返ることは、成功体験を強調する手段です。自分ができたことに焦点を当てることで、自己評価が向上し、「また達成できた。このまま続けていれば理想の自分になれる」と自分に対する自信や自己効力感がさらに増大します。

小さな成功体験でも振り返ることは、前向きな思考パターンを形成する助けになります。成功に焦点を当てることで、失敗や障害を意識しなくなり、自分の能力を信じるポジティブな態度を養います。

過大な目標を立てて、三日坊主で続かないと「ああ、やっぱり自分にはできなかったな」というネガティブな思考パターンがつくられてしまいます。1日目1分、2日目2分でも成功することでそうした負のスパイラルに陥るのを防ぎます。

毎日の小さな積み重ねでも振り返ることで「自分はやっぱりできるんだ」と自己効力感を高めるパターンをつくることが重要です。

少しでもいいから自分が前に進んでいると自覚できる仕組みをつくるのです。

振り返り自体が、脳の可塑性を後押しします。成功体験をたびたび振り返ることで、脳が新しい結びつきを形成しやすくなり、ポジティブな変化が生じます。

また、達成感を振り返る習慣は、目標に対するモチベーションを維持するのに役立ちます。

過去の成功体験を振り返ることで、「自分はこれだけできたんだ」と未来の目標に対する情熱や興奮を再確認し、継続的な努力への動機づけになります。

では、ここからは具体的な振り返りの方法をお伝えします。

1 振り返りの時間の確保

毎日の終わりに振り返りを行うために、特定の時間を確保します。

たとえば、寝る前の10分や日課を終えた後など、一定の時間を振り返りのために割り当てます。難しければ数分、数十秒でも問題ありません。短い時間でも毎日振り返るようにしましょう。

2 進捗の可視化と行動のトラッキング

次にあらかじめ作成したラフなプランをもとに進捗を可視化します。自分の成長や変化をグラフや表にして見ることで、自己効力感の向上につながります。その日に行った行動をメモやアプリを使ってトラッキングします。

どのような活動を行ったか、時間をどのように使ったかを詳細に記録します。これにより、日々の進捗が視覚的にわかりやすくなります。

たとえば腹筋を1日目1回、2日目2回と取り組んだら、それを書いておきます。そうすると積み重なりが目に見えてわかります。

私の場合、お酒を飲みすぎないようにアプリを使っています。毎日どれだけアルコールを飲んだかを記録するだけの簡単な仕組みです。

飲酒量を記すと、「今日はよくできました」「今日は残念でしたね」などと表示されるのですが、自分がどれだけ継続的に節酒できているかが一目でわかります。最初の7日のハードルは低く設定すれば「よくできました」「よくできました」「よくできました」と毎日表示されます。

そうすると継続するモチベーションが自然と高まり「明日も頑張ろう」という気持ちになります。

専用のアプリを使わなくても、ノートやスマホのメモに自分がわかるように記すだけでも問題ありません。

どのような方法がよいかは人それぞれです。自分が手間をかけずに簡単にできる方法を選ぶことが継続の観点からするといいでしょう。

3 行動の確認

1日の終わりに、ラフなプランに対する行動ができたかどうかを確認します。時間をかける必要はありません。自分は一歩一歩進んでいるという意識を植えつけることが目的なので、「今日はできた」くらいのチェックで問題ありません。

4 達成感の確認と肯定的なフィードバック

達成感を感じられる部分を見つけ、それに焦点を当てます。小さな成功でもかまいません。

それに対して自分に肯定的なフィードバックを行い、成功を積極的に評価します。成功体験を意識して肯定的に捉えることがポイントです。

たとえば「腹筋を毎日50回やる」を目標に設定し、1日目1回、2日目2回、3日目3回と取り組んだとします。

このとき、ゴールと現状の自分を意識してはいけません。「3日で3回できたけれども、あと47回もやらなきゃいけないのか……」と考えてしまうと、脳は自分の足りない部分を意識してとたんに実現できなそうな気になってしまうのです。

自己効力感が極端に下がります。

ですから、「何回足りないか」ではなく、「何回できるようになったか」を意識して振り返りましょう。

5日目に5回できたら「1日目の1回の5倍もできた」と評価することで脳は自分が成長していると感じます。前に進めていることが実感できます。常にスタートした地点から現状に注目しましょう。

これらのステップを実践することで、「毎日達成感を振り返る」ことが自己効力感を高め、ポジティブな自己イメージを育むための有力な手段となります。

④「確実に前に進んでいる!」と唱えるアファメーション

習慣化のプロセスで避けて通れないのが「アファメーション」です。これは2nd WEEK以降でも重要になる概念なので、詳しく見ていきましょう。

アファメーションは、自分が達成しようとしていること、これからやろうとしていることを自分に言い聞かせるように積極的に繰り返し、自己効力感を高める手法です。

自分に対する肯定的な信念を強化し、望ましい状態や目標への達成感を高める効果があります。企業の研修やプロスポーツの現場でも採用されている方法です。

とはいえ、自分の達成しようとしていることをひたすら繰り返して言い聞かせればいいわけではありません。いくつかポイントがあります。

まずは肯定的な表現で繰り返すことが重要です。

たとえば、「私は自分に自信を持っています」や「私は健康で幸せです」といったポジティブな文句がアファメーションの一例です。

そして、現在形で自分自身に言い聞かせることを忘れないでください。これは、将来の望ましい状態を現在の状態として捉え、実現性を高める役割があります。

たとえば、あなたが痩せたい目標を掲げていたとします。その場合、「痩せたい」「痩せるでしょう」ではなく「痩せています」とすでに実現しているかのような言葉がけをすると効果的です。

アファメーションは脳を変える効果があります。一度だけでなく、継続的に積極的な言葉を繰り返すことで、脳にポジティブなメッセージが浸透して、信念や態度の変化が促されます。

最新の研究でも、ポジティブな言葉は脳の神経伝達物質やニューロンの連結に影響を与え、ポジティブな感情や信念を強化することが示唆されています。

可能な限り、自分の部屋などで声に出して試してください。周りに人がいて言葉に出しにくいときは声に出さずに、頭の中で言葉を思い浮かべるだけでも効果があります。

アファメーションは思考を無理やりポジティブに切り替える方法ではありません。前向きな考え方によって現実を良い方向に変える思考法（ポジティブシンキング）でもありません。

たとえばネガティブな思考の人でも「自分は痩せている」「自分は痩せている」と繰り返し自分に言い聞かせると、それが視覚化したことと同じように脳に伝わり、脳内の神経経路の配線を少しずつつなぎ変えるのです。その結果、自己効力感が高まり、思考が変わります。

ネガティブな人でも一時的に無理やりポジティブに考えられるようにするのではなく、思考法そのものが根本から変わるイメージです。バケツの中の水が最初は濁っていたのに、どんどん澄んでいく光景を思い浮かべてもらえるとわかりやすいかもしれません。

アファメーションを繰り返していれば揺り戻しで元に戻ってしまう可能性は低いのです。

おそらく、あなたは「小さなステップから始めても大丈夫」と言われても半信半疑でしょう。でも、本当かなと思っていてもとりあえず試してみてください。

「私は確実に前に進んでいる!」というアファメーションを繰り返すことが、習慣化に向けた鬼門である最初の1週間の挫折を防ぐために非常に有効になります。

アファメーションはポジティブな方向に焦点を当て、進捗を強調します。人は達成感を得ることで、モチベーションが向上し、目標に対する自信が高まります。現在の課題に対しても前向きな捉え方ができるようになります。

たとえば「腹筋を1日1回ずつでは大きく変わらない」と思われるかもしれませんが、そこに注意を向けることで確実に前に進んでいることを自覚し、目標達成に向けて自己効力感を高められます。

アファメーションはネガティブな自己イメージや自己否定的な思考から抜け出し、ポジティブな心理的状態を養います。

本当にそう思っていなくてもそう唱えることで思考が変わります。ですから、自分自身がネガティブな状態でもとりあえず肯定的な言葉を繰り返すことが重要になります。それにより脳の「GPS機能」が発動して、少しずつ脳が変わっていきます。

実際、認知科学の観点では、アファメーションによってポジティブな思考パターンが構築されることがわかっています。

心理学者マーティン・セリグマンは、「楽観主義」に焦点を当て、ポジティブな思考が個人の心理的な健康や成功に与える影響を強調しています。確実に前進しているという言葉は、現実の進捗を肯定し、楽観的な見方をかたちづくります。

行動の習慣化も後押しします。心理学者バートン・ファンディッシュは、「習慣は、自己観念を形成し、自分に対する信念を強化する」と述べています。確実に前進しているという言葉を定期的に唱えることで、行動パターンとして確立され、目標に対する積極的なアプローチが身につきます。

では、ここからはアファメーションの具体的なやり方をお伝えします。

1 毎日同じ時間にアファメーションを唱える

毎日同じ時間にアファメーションを唱えます。これはいつでもかまいませんが、1日の流れを考えれば、習慣化への取り組みを行って、取り組みを振り返った後が最適でしょう。本書では1日の終わりの振り返りの後にアファメーションをすることをおすすめします。

2 肯定的かつ具体的な文言を選定する

アファメーションは一人称が前提になります。文の主語に私、僕、俺などを盛り込みます。

肯定的でかつ具体的な言葉を含むことが大切です。1週目の慣れないうちは「私は確実に前に進んでいる！」という言葉をまず発するのがいいでしょう。

その後に自分が将来なりたい姿を唱えましょう。取り組みの延長線上にある理想のイメージです。「腹筋がシックスパックになっている」「体重が65キロになっている」などです。

ここでのポイントは具体的な進捗や成果に焦点を当て、自分の行動や努力を称賛する表現を選ぶことです。

たとえば運動習慣の場合、実際のその日の取り組みを振り返りながら、「この運動習慣（自分で決めた最終目標。たとえば毎朝30分散歩をする）を身につけて、体重が65キロになっています」とアファメーションをします。

汗をかく感触や健康的な食事の味わい、目標地点に到達したときの喜びの感情を五感で味わうようにイメージングします。五感を味わうようなイメージングは目標を設定したときのイメージングと同じです。

ここでは常に肯定的な表現を心がけてください。脳は否定的な言葉を言い聞かされても、その内容をイメージできないからです。脳の「GPS機能」は、あるイメージから何かを消し去ったり、何かをしていないイメージを描いたりすることができません。

たとえば、喫煙者が禁煙を目指している場合は「私はタバコを吸っていません」ではなく「私はノンスモーカーになっています」と肯定的な言い方を選んでください。肯定的な言い方をすれば、脳の「GPS機能」はノンスモーカーの姿や体臭、服装やふるまいをイメージすることができます。

脳はそのイメージを目指して行動を開始します。「GPS機能」は、正しくプログラミングをすればするほど効果を発揮してくれます。

3 現在形で自分が望むイメージで表現する

では、どのようにやるかを少し整理しましょう。

まず、「私は確実に前に進んでいる！」といった現在形の表現から始めてください。これにより、達成感を現在の状態として捉え、その実感を高めます。そして、2で述べた例のように、今日の取り組みを振り返りながら、自分が望むイメージを具体的な言葉でアファメーションしてください。

ここでは、たとえば、「私は痩せて筋肉質になっている」という言い方よりも、「私は痩せて筋肉質になって体重が65キロになっている」の方が、脳の「GPS機能」が活用できます。「今より筋肉質になって10キロ痩せている」のような形ではなく理想とする具体的な体重をイメージすることを心がけましょう。

ですから、たとえばダイエットに励んでいる人ならば「私は確実に前に進んでいる！　筋トレを昨日は1回だったが今日は2回できた。私は痩せて体重が65キロになっている」とアファメーションを唱えることになるでしょう。語学を勉強している人ならば「私は確実に前に進んでいる！　今日は単語を3個新しく覚えた。私はTOEICで990点をとっている」と自分に言い聞かせてもいいでしょう。

理想のイメージも現在形であることがポイントです。ここが「65キロになりたい」

「65キロを目指している」のような形ですと自分がなれていないことを肯定することになってしまいます。

あくまでも現在形として、なっている状態として言いきることが自己効力感を高めるのには有効です。

また、言葉にしなくてもアファメーションのときに五感を働かせましょう。ダイエットを実現したいのならば、体重が減って好きな洋服を着て外出している姿を、語学を習得したいのならば、海外で働いている姿などをイメージするだけでも効果がさらに高まるでしょう。


これらのポイントを押さえて、毎日アファメーションを実践してみましょう。時間は1、2分で問題ありません。

いつも肯定的な考え方を言い聞かせていると、頭の中にあった否定的な考え方は消えていきます。

肯定的な言葉を自分の中で繰り返すことで、不安、ためらいは追い払われて、それにより自己効力感が高まり、習慣化は後押しされます。

それでも挫折しそうなときの対策

ただ、いくら気をつけたところで、最初の7日間で約4割の人が挫折してしまう事実は見逃せません。「転ばぬ先の杖」として挫折しそうなときの対策も用意しておきましょう。

「そこまでする必要はないでしょう……」と思われる方もいるかもしれませんが、人間の脳が新しい環境に対応することは想像以上に簡単ではありません。

新しい習慣を取り入れることは、既存のルーチンや環境に変更をもたらすからです。最初の1週間は特に新しい状況に慣れるのが簡単ではありません。いくら「小さく始める」といっても、この混乱は必ず生じると考えておきましょう。

また、初期の段階では変化への適応に伴うストレスや不安が生じます。覚えていますか？　脳は変化を嫌います。

人間には心地よい、安定した状態に戻ろうとする本能があって、変化を拒みます。このストレスが挫折の原因になります。認知的な抵抗に対処するためにも、対策と戦略が必要なのです。

最初の1週間は自己効力感の変動も激しいので、その対策も欠かせません。自己効力感は習慣化の鍵となりますが、当然ながら、状況によって上がったり下がったりします。

小さな成功体験を積むことで自己効力感を高める仕組みはお伝えしましたが、困難にぶつかれば自己効力感は低下しかねません。挫折しそうなときは、自己効力感の低下に対処する手段が必要になります。

具体的な対策については次項で大きく分けて2つお伝えしますが、共通するのは自分の行動を意識的にコントロールするということです。新しいことを始めるのはこれまでと違う負荷がかかりますから、自分をいかに律するかが重要になります。

「AしたらBをする」ルールをつくる——トリガーとアンカー

人はゼロから何か新しい行動を起こすのには非常に力を使います。慣れ親しんだ行動でしたら無意識にできますが、慣れない行動には意志が必要になりますので、意図的に意志が必要でない状態をつくって行動を後押しします。

その方法のひとつが「トリガーとアンカー」です。

アンカーは海に下ろす船のいかりです。そして、そのいかりを固定する役割を果たすのがトリガーです。いかりを打ち込んだ船は限られた範囲でしか動けません。つまり、トリガーで動ける範囲が決まります。

ここから、認知科学の世界では、あるきっかけ（トリガー）によって、ある行動（アンカー）が発動することを「トリガーとアンカー」と呼びます。

脳はエネルギーを節約する傾向にあります。新しいことをやりたがりませんし、慣れ親しんだ行動は意思決定をわざわざしないで自動的に実行したがります。ですから、トリガーとアンカーを使い、脳が自動的に処理する形をつくることで習慣化につなげます。

「AしたらBをする」ルールを設けることで、行動が自動化され、認知的な労力も軽減し、挫折のリスクを低減できます。脳が意思決定に割く力を極力減らすのです。

たとえば、すでに毎朝歯を磨く習慣がある場合、その後に体重を量る行動を結びつけることで、「歯磨き」が「体重を量る」ためのトリガーとなります。「歯磨きしたら体重を量る」という仕組みができると、「いつ体重を量ろうか」「面倒くさいから寝る前でいいか」などのように考える必要がなくなります。

意志を必要とせずに、自己をコントロールできます。体重を量るためにエネルギーを使わずに済むようになるのです。

これは「if-thenルール」とも呼ばれています。「もし○○したら、△△する」ようにルール化すると新しい習慣を身につけやすいというのは、研究でも証明されています。

ポイントはトリガーとアンカーをどのように設定するかです。

新しい行動を起こすきっかけとなるトリガーは「歯磨き」のように既存の習慣や日常の出来事を利用すると効果的です。

たとえば、朝の目覚め、食事後、入浴の前後などは誰もが設定しやすいトリガーとなるでしょう。すでに身についている習慣をトリガーと結びつけることで、新しい習慣の導入がスムーズになります。

トリガーが設定できたらアンカーを決めます。アンカーを既存の行動や環境の中に埋め込みます。

たとえば、トリガーが「朝の歯磨き」の場合、その後に行う新しい習慣（体重を測定する、散歩など）をアンカーとして活用します。これにより、トリガーが発生すると同時に新しい習慣が自然に続くような仕組みをつくります。

「AしたらBをする」ルールはできるだけ明確にするのがポイントです。たとえば、「朝目覚めたら、すぐに5分間ストレッチを行う」といった具体的なルールを設けます。

トリガーとアンカーは多くの人が取り入れています。

たとえば、野球で有名なイチローさんは現役時代にバッターボックスに入るときに常に同じ動作をすることを習慣化していました。これも、同じ動作をする（トリガー、引き金）と集中できてうまくいく（アンカー、結果）と自分の中でルール化していたのです。

トリガーとアンカーを決めると、エネルギーを使わないで集中状態に入れます。ですから、トリガーは身体動作を伴うことを取り入れることも効果的です。たとえば、気合を入れるときに顔をパンパンとたたくと、シャキッとするようなのもトリガーとアンカーで説明できます。顔をパンパンとすることがトリガーになってシャキッとするのがアンカーになっています。

「自分の衝動」をはたから見る——メタ認知

習慣化を始めて最初の1週間の道のりは平たんではありません。多くの魔物が潜んでいます。たとえば食生活を改善しようと思っても、つい甘いものを食べてしまったり、お酒を飲んでしまったりします。

これは習慣化を身につけたい願望以上に自分の衝動に支配されてしまうからです。ですから、衝動に身を任せるのではなく、自分の行動を自覚するプロセスを設けることが効果的です。

この対策が「メタ認知」です。

メタ認知は、自分の感情や衝動が行動にどのように影響しているかを理解し、それを客観的に観察するスキルです。自分を俯瞰する力といってもいいでしょう。

たとえば、食生活を改善したいのにお酒をガブガブ飲んでいる人はメタ認知ができていません。衝動のままに飲んでいる自分を観察できていないわけです。

メタ認知ができれば、自分の衝動をはたから見ることで、感情に振り回されず、冷静な判断を下すことが可能です。

「あれ、痩せようと思っているのにビールを1リットルも飲んでいたらダメだな」と気づけば、次の日から飲むのを控えることができるはずです。自分の衝動や行動パターンを観察することで、その傾向を把握し、挫折のサインを早期に見つけることができます。

挫折をもたらす誘惑に気づければ、「飲みたい」という衝動的な感情と「飲む」という行動を切り離し、冷静な判断をすることができます。メタ認知を通じて自分の衝動を冷静に分析することは、自己効力感を維持することにもつながります。

とはいえ、「自分を観察するなんて難しいのでは……」と多くの人が思われるでしょう。安心してください。メタ認知をいかに身につけるかは認知科学の分野では研究がかなり進んでいます。ここではＡＣＴ（Acceptance and Commitment Therapy）認知行動トレーニングを紹介します。

1　感情の実況中継と受容

習慣に向けた行動が挫折しそうな衝動が生じたとき、その感情を実況中継することで自分を観察しやすくなります。

実況中継が衝動的な行動を予防する効果的な対策になることは研究でも証明されています。

たとえば、禁酒したいのにお酒を飲みたくなったら「今、自分はお酒を飲みたいな」と思ったことをそのまま言葉にします。

ポイントは感情を素直に受け入れることです。ACTでは、感情をそのまま受け入れることが重要視されています。

自分の衝動的な感情を拒絶するのではなく、その感情が何を意味しているのかを理解しましょう。その感情がどういったものかというのを実況中継して理解する姿勢が重要になります。

たとえば、「今、ポテトチップスを食べたいと感じている。これは新しい習慣に対する衝動かもしれない」のように具体的な言葉で感情を言語化します。自分の衝動的な感情との対話を通じて心の柔軟性を養えます。

2 ディレイテクニックの導入

衝動的な感情が生まれたら、5分だけ他のことに集中します。これはディレイテクニックと呼ばれています。ディレイというのは英語で「遅らせる」という意味です。感情や衝動に身を任せるのを遅らせるために、一時的に気をそらして距離を置く手法です。

気をそらす対象は身近にあるものや手軽にできるものがいいでしょう。深呼吸、瞑想、散歩などでしたら誰でも何も使わずにできます。

5分が目安ですが、1分でも効果が見込めます。感情の高まりを和らげ、冷静な判断が可能になります。

ディレイテクニックを継続して実践することで、自分の衝動に柔軟に対応できるスキルが高められます。

3 自己効力感を高める

ディレイテクニックで5分（場合によっては1分でも問題ありません）が過ぎた後は新しい習慣に集中します。

食生活を改善したいのにポテトチップスを食べたくなるような衝動に襲われたら、健康的なものを食べる。勉強したいのにスマホを見たくなってしまったら参考書を読む。「感情の実況中継→ディレイテクニック→新しい習慣」の流れを定着させることで、挫折を回避しやすくなり、自己効力感が徐々に高まっていきます。

振り返りは、新しい習慣を身につけるという目標を達成するための、イメージの再強化につながります。振り返りとイメージの再強化の必要性は認知科学とコーチングの両面から確認されています。

認知科学の観点からは、振り返りは体験記憶を強化します。新しい行動や経験を定期的に振り返ることで、脳はその情報をより深く記憶し、長期的な学習として補完できます。この過程が習慣の形成を後押しします。

また、振り返りを通じて感情との結びつきを強化します。成功体験や達成した喜びなどのポジティブな感情がモチベーションを高めます。

課題克服の際の困難に対する感情も理解しやすくなります。

さらに、振り返りは自己認識を向上させます。自分の行動や選択を冷静な視点で見つめ、自分を客観的に理解することで、より良い方向への修正や進化が可能となります。

コーチングの観点からの方が振り返りの効果が大きいかもしれません。

コーチングではまとまった期間で振り返ることが自分を変えるには非常に有効だといわれています。なぜ有効かといいますと、まず、振り返りは洞察と気づきが得られるからです。

1週間取り組む過程で、うまくいったことやうまくいかなかったことがあり、もどかしさ、嬉しさなどさまざまな感情を抱いたはずです。

振り返りをせずにそのまま進んでしまうとそれらの感情と向き合う機会を失ってしまいます。

振り返ることで、自らの感情に気づき、それを次の段階への学びや成長に結びつけます。

コーチングは通常コーチと向き合って行います。コーチが「この1週間どうでしたか」「新しい1週間をやってみてどうでしたか」と投げかけるのですが、あなたは自問自答してみてください。

自分への質問や対話を通じて、気づきを得ることができ、習慣化における成功体験のイメージを強化できます。「1日1回でも7日目に7回できた」と振り返ると自己効力感の向上につながり、「来週も頑張ろう」と次のステップに向けた自信を築くのに役立ちます。

また、振り返りは目標の再確認につながります。

振り返ることで行動プランの難度が高すぎたのか、低すぎたのか、ちょうどよかったのかを改めて認識できます。自分のプランがどの程度達成されたかを確認し、必要に応じてプランを再調整することが重要です。

柔軟性を持ってプランを変更することで、より現実的で持続可能な目標に向かって進めます。

最初の7日間は「自分はできる」という自己効力感を高めるのが最大の目的です。ですから、1週間を振り返ることで、「7日でこれだけ進んだ」と1日ずつの前進よりもさらに自己効力感を強く感じることができます。また、目標を再確認することで最初に描いた「絶対こうなりたい」イメージを思い出すことができ、それまでのプロセスも強く意識することになります。

ですから、習慣化を始めるに際して抱いた「こうなりたい」のイメージは持ち続けてください。たとえば体重75キロの人が65キロになるイメージを描いていたとします。ただ、1週間頑張っても変化が小さく、このままだと65キロになる気がしないと感じる可能性はあるでしょう。

それでも毎日1分でも、1回でも増やしてきているわけです。ですから、この最初の1週目の時点で、理想のイメージ（体重65キロ）を変えるのはおすすめしません。3週間で取り組む週ごとのプランは積極的に変えるべきですが、イメージ自体は明確に描き続けてください。

では、具体的にはどのように振り返りをすればいいか。大きく分けて次の4つのステップで取り組んでみてください。

1 肯定的な要素の振り返り

最初に、自分が最初の1週間で達成したことや成功体験に焦点を当てます。これはポジティブな感情を強調し、モチベーションを維持する助けになります。

具体的な質問の例

- 最初の1週間で嬉しかったことは何ですか？
- 達成感を感じた瞬間はありましたか？　どんな気持ちがしましたか？

2 課題や困難の振り返り

次に、最初の1週間で直面した課題や困難を振り返ります。感情や行動の背後にある理由を理解するためにこのプロセスは重要です。

具体的な質問

・直面した課題や困難は何でしたか？
・それらにはどのように対処しましたか？
・困難から学んだことはありますか？

3 目標との整合性の確認

達成された成果や経験を自分の長期的な目標と照らし合わせ、現在の進捗との整合性を確認します。目標が適切であるかどうかを検討し、必要に応じて修正します。

具体的な質問

・設定した目標に対して、スタートした時点から今週はどれだけ進捗しましたか？

・目標やラフなプランが実現可能であると思いますか？

・現在の行動が長期的な目標と整合していますか？

4 次週へのアクションプラン

振り返りの最後に、得られた気づきをもとに次週のラフなプランを修正したり、追加したいアクションプランを立てたりすることで、翌週に向けて準備を整えます。

たとえば思ったよりもちょっと大変だったので少し負荷を下げたり、逆に物足りなかったので2週目は負荷を上げたりのように修正します。

具体的な質問

・現在の目標やラフなプランを修正する必要がありますか？

・次週に向けて行いたいアクションプランはありますか？

2nd WEEK

継続

8日目〜14日目

――「自己効力感」を維持する

「習慣化」は最初の7日間が最も挫折しやすいです。
ですから、1st WEEKでは
「小さな習慣」でもいいから、
とにかく「続けること」を目指しました。

しかし、いつまでも「小さな習慣」のままでは、
目標の習慣化にはなかなかたどり着けません。
一方で、負荷を増やすと挫折の可能性も高まります。

そこで、2nd WEEKでは、
負荷を増やしながら、「自己効力感」を維持する
習慣化のメソッドをお伝えしていきます。

徐々に負荷を増やしていく——「1日20回」「1日20分」へ

さて、3週間での習慣形成はここから2週目に入ります。

1週目では、小さく始めて、成功体験を積み重ねることで「私はできる」という自己効力感を高めてきました。

新しい習慣に少しずつ慣れてきたところで、2週目は次の段階に進みます。2nd WEEKでは新しい行動に対する自己効力感を維持しながら、意欲的な目標を掲げてチャレンジします。

1週目は続けることが最重要な期間でしたが、2週目は負荷を徐々に増やして挑戦

と成長の機会を得る期間となります。

1週目で負荷を軽くして小さく始めたのは自己効力感を高めるためでした。いきなり負荷を高くすると、「できるわけがない」「もうやめよう」と三日坊主になりかねないからです。認知科学では人間は成功体験を積むと自己効力感が高められ、行動を継続しやすくなることがわかっています。

ただ、人間の脳は複雑です。低い負荷のまま続けていると「こんなの誰でもできるよね」と飽きてしまいます。慣れてきたら、適度なハードル設定が必要になります。ですから、たとえば腹筋を習慣化していて1週目で1日1回、2日目2回、3日目3回と1日に1回ずつ増やして7日で7回をクリアできたならば、2週目は15回や20回から始めてみてもいいでしょう。

そのように成長の機会をつくり、体に負荷をかけることでメンタル的にも挑戦が楽しくなります。そこから負荷を少しずつ増やすことで、自己効力感を失わずに、モチベーションを高いまま保ちやすくなります。

急激な変化は体にもメンタルにも疲労を引き起こしかねません。段階的に変化をつけることでモチベーションを維持しやすくします。

また、小さく始めて2週目で負荷を増やすことで、体や心が習慣に適応しやすくなります。最初から急に負荷をかけると人間の体はコンフォートゾーン（安心感を抱く状態や行動の範囲）から出されることに抵抗を示します。

人間は原則、変化を嫌う脳の構造を持っているのです。認知科学のプロセスでコンフォートゾーンを拡大するのが2週目の試みです。1週目に負荷に慣らして習慣化の土台をつくったことで、2週目に負荷を増やしやすくなっています。コンフォートゾーンを徐々に広げることで、体も心も新たな環境に適応できます。

「そんなにうまくできるかな」「負荷を増やしてついていけるかな」と思われた方もいるでしょう。

では、どのようにして負荷を少しずつ増やせばよいのか。次の5つのポイントに注意しながら無理なく増やしてみましょう。

1　目標とラフなプランの具体化と実践

みなさんは1週目が終わった後に取り組みを振り返りました。自分の目標がどの程度達成されたかを確認し、中にはプランを修正した人もいるでしょう。

2週目は原則、1週目の振り返りで確認したラフなプランの通りに実行します。たとえば、新しい習慣化に際して打ち立てた目標が「毎日腹筋を50回する」で1週目の振り返りでもその目標に向かってそのまま進めると確認したとします。その場合、2週目の最終日に腹筋を50回するように計画します。

1週目7日目に7回だった場合、そこから2週目の7日間で毎日の回数の負荷を段階的に50回まで引き上げます。WEEK 0の段階で目標達成に向けたラフなプランを練ったと思いますが、1週目の経験を踏まえて、取り組みましょう。

「腹筋したことがなかったけど1週間やったら思っていたよりできるな」と感じたら2週目は15回や20回からスタートしてもよいでしょう。「ちょっとまだわからないな」と思った人は無理せずに10回から始めてもかまいません。

負荷の増やし方には気をつけてください。極端に増やすのは避けるべきです。慣れない負荷は体にも心にも不安定をもたらすからです。2週目は毎日均一に増やさず、8日目や9日目など週初めは変化の幅を小さくした方がいいでしょう。

繰り返しになりますが、人間は変化に抵抗する本能、つまり安定した状態を保とうとするホメオスタシスの原則が働きます。そして、それはあなたが思っているよりも強力なのです。

人間の抵抗する力は最初はすごく高くて、だんだんと下がっていきます。ですから、1週目が終わったときの腹筋の回数が、たとえば10回で、2週目の終わりに50回を目指す場合は、8日目は15回、9日目は22回、10日目は30回、11日目は39回と変化幅を段階的に大きくする方が継続する可能性は高まるでしょう。

2 ルーチン化

負荷を無理なく増やすためには、取り組みをルーチン化（日常化）すると障壁が低くなります。たとえば、毎日同じ時間に行動するのが効果的です。脳が特定の時間に特定の行動を行うことを覚えます。

また、特定のルーチンや環境と結びつけることが効果的です。たとえば、朝食後や寝る前に行うなど、明確なルーチンを確立することで、行動が自動的に日常生活に組み込まれやすくなります。

生活に組み込まれるようになると行動に対するハードルが下がり、負荷も自然と増やせるようになります。

実際、あなたがすでに習慣化している行動は同じ時間に行っているか、環境と結びついているはずです。

朝起きて寝るまでの間の行動パターンは人によって異なるものの、ある程度パターン化され、同じことを繰り返していることからもそれは明らかでしょう。

たとえば、通勤ルートは、大抵の人が決まっているはずです。家を出る時間、電車に乗る時間、会社に着く時間、最初に行う業務、昼食のお店、帰りに寄るコンビニ、家に帰ってテレビを見て、お風呂に入ってスマホを見て寝る。

これらの行動パターンは、ほぼ意識しておらず、無意識化されている行動です。

ルーチン化することで少しずつ習慣になり、最終的には何も考えずに自然とできるようになるはずです。

3 進捗の可視化

達成したことを記録し、進捗を可視化することで無理なく負荷を増やせます。自己効力感の向上にもつながります。

たとえば8日目に15回、9日目に25回、10日目に35回達成したら、それをカレンダーや手帳に記録するだけで、自分がどれだけ前に進めているかを実感できます。

1日目に1回から始めて50回の目標は遠く感じたかもしれませんが、日々記録を積み重ねることで道のりが見えてきます。たどり着けると実感でき自己効力感も高まって、モチベーションを維持しやすくなります。

記録するだけでなく、行動に対して自分をほめるのも効果的です。自分に小さなご褒美をあげるのです。

たとえば、腹筋を予定通り15回できたら、「よし、できた」という言葉を自分にかけるだけでポジティブな感情と結びついてモチベーションが高まります。

行動を達成したときにチェックするという小さなことでも行動がポジティブな体験と結びつきます。ポジティブな感情と行動が結びつくと脳はその行動に注目しますので行動の継続にも効果があります。

4 休息と回復期間の確保

負荷を増やすことは大切ですが、適切な休息と回復期間も大切です。無理な負荷増加は疲労を引き起こし、逆に習慣づくりの妨げになります。

5 自己調整と柔軟性の確保

進行中に感じた変化や課題に対して、柔軟に対応できるような計画を心がけます。たとえば、2週目の初めに週の終わりまでに50回達成することを目標にしていても、どう頑張っても無理だと感じたら40回に変更しても問題ありません。

絶対に50回やらなければいけないと決めてしまうと、週半ばで「どう頑張ってもできそうもない」と感じて挫折しかねないからです。一番避けなければいけないのは習慣化に向けた行動をやめてしまうことです。

そして、やるべきなのは継続することです。これまで腹筋の習慣がなかった人が3週間やり続けて30回でも40回でもできるようになったらそれは大きな一歩になります。極論を語れば10回でも20回でもいいのです。

ゼロだった人が継続してまとまった回数をできるメソッドを身につければその先に50回は見えてきます。自分に合った調整ができることで、習慣づくりの成功確率が上がります。

注意すべきポイント

さて、ここまでのポイントをまとめておきます。

負荷を増やす際に気をつけなければいけないのは、あくまでも自分のペースに合わせて、無理なく続けるように調整することです。人によって体力や生活状況は異なります。急激な変化は挫折の原因となります。無理な負荷増加は疲労を引き起こし、逆に習慣づくりにマイナスになりかねません。

また、途中で予期せぬ事態が発生した場合は、柔軟に計画を調整することが重要です。

たとえば、週の途中で体調不良になったり、子どもが熱を出して看病で余裕がなかったり、二日酔いで面倒くさいときもあるかもしれません。そうした事態が起きたときには計画に固執せず、臨機応変に対応することで、持続可能な進化が可能になります。

負荷を増やすことで予想外の影響が出る可能性もあります。効果を定期的に測定し、必要に応じて計画を修正します。最終目標が腹筋50回の場合、2週目のゴールは50回になりますが、負荷を増やした結果「どうもつらい」と感じたら40回に引き下げても問題ありません。

負荷を増やしすぎて、やめてしまったら意味がありません。ただ、プランは変更しても習慣化に向けてイメージした理想の姿は変わらず抱き続けてください。

たとえば「筋トレして腹筋をシックスパックにする」という動機があったのならばそのまま持ち続けてください。「回数を下げたらなれないかも」などとは思わずに、この習慣化を続ければいつかはそんな姿になれるというモチベーションは持ち続けましょう。

とにかく自己効力感を維持する

2週目は1週目の取り組みよりも難度が一気に高くなります。たとえば腹筋でしたら1週目は1回で始めて1日に1回ずつ増やせばよかったのに、2週目の最後には最終的な目標回数まで引き上げる必要性があります。体にもメンタルにも大きな負荷がかかります。

この状況をうまく乗り越えるには自己効力感を高く維持する必要があります。「私はできる」と思える認知状態であれば、新しい挑戦にも適応できます。自分の能力に対する確信があれば、客観的にはハードルが高そうな課題に対してもポジティブな姿勢を維持できます。

2週目に進むと、最初の1週間を乗り越えたという成功体験が自己効力感を強化します。小さなステップを刻んだことで自己効力感は高まった状態にありますので、脳にも習慣化に向けた行動に継続的なコミットメントが生まれています。

ですから、自己効力感を損なわないように、段階的に負荷を増やしながら、新たな挑戦にも前向きな意欲で取り組むプロセスが重要になるのです。

2週目においてもし自己効力感が低下すると、途中で挫折してしまう可能性が高まります。ハードルは一気に上がっていますので、自己効力感を維持することに注意を払いましょう。

私が柔軟に対応しましょうと強調するのもすべては自己効力感の維持のためです。2週目で逆境にも立ち向かい、習慣化の形成を続けることができるかどうかは自己効力感にかかっているのです。

「挑戦的かつ実現できそう」な目標にする
——脳のやる気が一番出る

なぜ、「挑戦的かつ実現できそう」な目標が必要なのか？

本書を手に取られたあなたは挑戦に意欲的なはずです。習慣化そのものがこれまでにない行動を日常生活に取り入れる挑戦だからです。

そしてそれは人間の体にとって本来難しいことであることも、ここまで読み進めているうちに少しずつ理解できてきたでしょう。あなたは非常に大きな挑戦に取り組んでいるのです。
ですから、もしかすると挑戦に意欲的なあなたにとっては1週目の負荷には物足りなさを感じたかもしれません。自己効力感を高める狙いがあるとはいえ「1日1回ずつ増やすペースでは50回に到達しないのでは」と不安を抱く人もいたでしょう。負荷を増やしたくてうずうずしていた人もいるはずです。

2週目は挑戦する期間になりますが、気をつけなければならないのは「挑戦的すぎる計画にしない」ことです。挑戦的ではあるけれども到達できそうな実感を抱けるくらいの計画を目指しましょう。
「なんだか曖昧だな？　思いっ切り挑戦してはダメなの？」と思われたかもしれませんが、あくまでもちょっと挑戦的くらいにとどめておきましょう。大半の人は取り組んでいる最中に「これはできそうもない」「ちょっと実現不可能だ」と感じてしまうと自己効力感が下がってしまうからです。

そうならないためにも目標は脳にとって魅力的でやりがいを感じやすいバランスが

重要になります。挑戦的であることは興奮やワクワク感を生み出し、同時に実現可能性があることは達成感を促進します。このバランスが脳のやる気を最大限に引き出し、継続的なモチベーションを維持するのに役立ちます。

これは目標を達成すると脳内でドーパミンなどの快楽物質が分泌されることと関係しています。挑戦的な計画に取り組み目標を達成することでドーパミンによる快感が期待でき、モチベーションが高まります。

実現可能性がある目標であれば、ドーパミンの報酬を手に入れられる可能性が高まるため、モチベーションが高い状態で持続します。

また、挑戦的で実現できそうな目標はポジティブな循環を生み出します。目標が挑戦的なだけでは挫折しかねませんが、実現可能な目標を設定し、達成することで自己効力感が高まります。

「面白そうだし、できそうだし」でやってみたら実際にできることで、次の挑戦に向かう自信と意欲を生み出します。このサイクルを繰り返すことで、ポジティブなループがつくられ、自己効力感がより強固になります。

実現可能性がある目標であれば、挑戦を通じて成長を実感しやすく、長期的なモチベーションの持続にもつながります。継続的な達成体験が、計画を実行する喜びや興奮を保ち、モチベーションの低下を防ぐのです。

誰だってできたら楽しく、「もっとやろう」となります。目標に向かって進む過程がより楽しくなり、習慣化に向かって大きく前進します。

挑戦的かつ実現できそうな計画は、やる気を引き出し、成果を重ねることでポジティブなサイクルを構築します。これが、脳内の快楽物質の分泌や自己効力感の向上につながり、習慣化を後押しするのです。

どのようにして「挑戦的かつ実現できそう」な目標を設定するのか？

習慣化に向けての目標設定は負荷を毎日少しずつ増やす地道な方法があります。本書の1st WEEKでお伝えした小さなステップを刻み続ける手法です。

たとえば腹筋でしたら、1日目1回、2日目2回、3日目3回……と1日に1回ずつ最後までひたすら積み重ねていきます。ただ、この方法は根気強さが必要になります。50回腹筋するには50日かかるからです。

習慣化のノウハウを伝える人の中にはこの方法をおすすめする人もいます。おそらくみなさんの中にもこの小さく刻み続ける方法を試したことがある人はいるかと思います。

ただ、継続するのは難しかったのではないでしょうか（だからこそ、本書を手に取ってくれたのでしょう）。面倒くさくなって続かなかった人が大半のはずです。

本書ではお伝えしたように、3週間という短期間で習慣化を固定させるために2週目に負荷を一気に上げます。大変かもしれませんが、ここを乗り越えられれば習慣化が大きく近づきます。

3週間で習慣が固定されれば、その習慣は一生続きます。無意識に生活に取り込めますので、それを続けることで自分のなりたい理想の姿が習慣の延長線上に見えてくるはずです。

では、2週目の最大の課題である「挑戦的かつ実現できそう」な目標をどのようにして設定すればいいかを見ていきましょう。

「挑戦的でありながら実現が不可能とは思わない目標と言われてもさじ加減がわからないな」と感じた人も多いはずです。

目標や計画が大きすぎると挫折の可能性が高まりますが、小さすぎると達成感が得られず、モチベーションが続きません。適切な難易度を見極めることが最も重要になるのは頭ではわかりますが、「それってどうすればわかるの」というのが本音でしょう。

結論からお伝えしますと、「難しいけれども頑張ればできる」くらいの目標を探りましょう。

たとえば、「毎日腹筋を50回やる」を3週間で身につける新しい習慣に設定します。最初の1週間で15回できるようになったとします。8日目からは今までのペースよりも負荷をかけて、2週目の最後に50回できるようなラフなプランを立てます。

その際に張り切って8日目にいきなり30回や40回にしないことがポイントです。大半の人は15回から2倍以上に引き上げたら「ちょっと難しいかも」と感じるはずです。

無理せずに刻みましょう。

8日目20回、9日目は27回、10日目は36回、11日目は47回のように週の初めの負荷が少ない計画を立てます。実際に取り組んで、週の終わりに50回という当初の目標は負荷が高すぎて実現が難しい場合には、計画の回数を減らして調整しても問題ありません。

このことを押さえた上で、計画を立てましょう。ここでの計画のつくり方は基本的には「徐々に負荷を増やしていく」の具体的なやり方と同じです。初めが15回からスタートして、2週目の終わりにゴールである50回を達成できるようになだらかに増やします。

注意すべきポイント

さて、ここまでのポイントをまとめておきます。目標設定する際は次の3つに注意しましょう。

1　具体的で明確な目標設定

目標は漠然とせず、具体的で明確なものにします。これにより、脳の「GPS機能」が働き、どの方向に進むべきかが明確になり、計画の方針が固まります。

2　現実的な難易度の確認

目標の難易度は挑戦的である一方で、現実的である必要があります。自身の能力や制約を踏まえて目標を設定してください。もちろん、自分の能力を的確に把握するのは簡単ではないので感覚的なもので問題ありません。実現が難しい、もしくは簡単すぎると感じれば修正しましょう。

3　柔軟性と調整の準備

予期せぬ出来事に備え、柔軟性を持った目標と計画を立てます。必要に応じて調整が可能な計画であれば、挑戦的な目標にも臨機応変に対応できます。

これらのポイントを考慮して、挑戦的かつ実現できそうな目標を設定します。目標の具体性と現実的な難易度のバランスが成功への鍵となります。

負荷を増やしながら、「自己効力感」を下げない習慣化の方法

①サボってしまったときの「特別ルール」をつくる

習慣化のプロセスで計画通りに行動できないことはよくあることです。

たとえば、英語を毎日30分勉強すると決めていても、仕事のトラブルで終電まで帰れなくなったり、腹筋を30回やると計画していても二日酔いで一日中疲れがとれなかったり、行動を妨げる出来事は起きます。

「何があっても一度決めたのだから完璧に計画はこなさないといけない」と考えていると、イレギュラーな出来事が起きると右往左往してしまいます。習慣化したい行動ができず自己効力感が低下し、「もう私にはできない」と挫折する可能性が高まります。

そうした負のループを避けるために、特別ルールを設けることで、一時的な変化や障害に対して柔軟に対応できます。計画通りにできなかったとしても、モチベーションを下げずに継続が可能になります。

残業や飲み会などイレギュラーな出来事がなくても、サボってしまうこともあるでしょう。習慣化に向けた取り組みは、あなたにとって今までにない行動です。慣れない行動を続けること自体が簡単ではありません。

あなたの気力や根性の問題ではなく、脳の構造が変化を拒んでいるのです。ですから、行動の前提を「完璧にこなす」「絶対にやる」ではなく、「サボってしまうかも」と考えておきましょう。サボる可能性を前提に置いて取り組めばいいのです。

サボっても仕方がないと認識していれば、「サボってしまった。もう自分はダメだ」

と自暴自棄にならずに済みます。モチベーションが大きく低下することもありません。

サボった場合の特別ルールを設けます。ルールをつくることで、サボりを否定的に解釈せず、逆に対処法を持っていると考えられるようになります。パターンの例外をつくることが、逆にパターンを守ることにつながるのです。

自己効力感は困難に対処する自信があると強まります。特別ルールをつくることで、万が一サボっても対処できるという自信が生まれ、自己効力感が損なわれにくくなります。

人間は自分で決めたことが守れないと、自己嫌悪や無力感を感じます。サボりやすい状況に陥ったとき、特別ルールがあればそうした負の感情を軽減し、モチベーションを保ちやすくなります。

特別ルールがない場合、1日行動できなかっただけで習慣化の取り組みそのものに影響を与え、モチベーションが低下する可能性があります。

習慣化のプロセスで最も避けたいのはサボることではなく、習慣化に向けた行動をやめてしまうことです。特に完璧主義の人は、完璧にできなければ「やらなかったと同じ」と考えがちなので、「特別ルール」が有効です。

特別ルールをどうつくるか？

サボってしまったときの「特別ルール」は次のステップでつくることができます。

1 具体的な状況の洗い出し

サボってしまう可能性の高い具体的な状況や理由を洗い出します。仕事のトラブルや残業など急な予定の変更だけでなく、外部環境や個人の心理的な要因も考慮します。

たとえば、ジョギングをしている人にしてみれば雨や雪はサボる大きな要因になるでしょう。また、天候も悪くなくイレギュラーな出来事がなくても、疲れた、やる気が出ない、気分が悪いなども挙げられます。

可能な限り特別ルールを適用するケースを想定してみましょう。想定しておけば、サボってしまった場合に悩むこともなく自己効力感が下がるのを防げます。

2 対処法の考案

サボってしまう具体的な状況を洗い出したら、それぞれの状況や理由に対する対処法を考えます。

たとえば、忙しい日や気分が乗らない日は習慣化に向けて予定していた時間や回数を減らして取り組むのも有効です。英語を毎日30分勉強する計画を立てていた人ならば、「残業続きで疲れているときは5分だけ勉強すればいい」という特別ルールを設けてもいいでしょう。

そもそも、やる気がないわけですから、「特別な日として何もしない」という対処法もあります。「少ない回数や時間でもやれそうもないときは、思い切ってサボってしまう」のも特別ルールのひとつの選択肢としてはありかもしれません。

今日サボった分を翌日以降に振り替える方法もあります。たとえば今日、英語を30分勉強できなかったので明日、倍の時間勉強するといった具合です。

また、平日が忙しい場合は、あらかじめ週末に振替用の時間を確保しておくとよいかもしれません。毎週土曜日の20時から1時間は振替用にブロックしておくなどするとサボっても自己嫌悪感を抱かずに済みます。


大きく分けて3つの対策をお伝えしましたが、自己効力感を維持するためには、最後に紹介した「今日できなかった分を翌日以降に振り替える」がベストな方法です。それが難しければ、予定していたよりも時間や回数を少なくして当日に対応しましょう。

予定のノルマを全く消化しない、割り切ってサボるのはあくまでも最後の手段と考えるべきです。何もやらないよりは少ない量や時間でも取り組んだ方がいいとの意識で対応しましょう。

ただ、注意も必要です。

たとえば英語の勉強の30分を翌日に振り替えて翌日分と合わせて1時間勉強するのは時間を捻出することができれば可能かもしれません。ただ、運動習慣の場合、負荷が過重になりかねません。腹筋を40回やるべきところをサボってしまって翌日に振り替えた場合、サボった分と翌日のノルマの両方に取り組むことになります。

翌日は50回を計画していたら計90回とかなりの負荷になります。90回こなすことで、その翌日以降の習慣化に向けた行動がつらくなってしまったら、意味がありません。

サボったときの対策は取り入れたい習慣の内容や体調など状況によって柔軟性を持たせてください。

3 ルールの設定

対処法を考えたら、サボった際の具体的なルールに落とし込みます。ルールはできるだけ具体的でわかりやすく、実行可能な内容にしましょう。

たとえば、英語の勉強でしたら「疲れているときは、参考書を1ページだけ読めばよい」「22時以降に帰宅する場合は帰宅時にリスニングをすればいい」のようなルールです。

もちろん、実際に実行してみたら、想定外の出来事も起こるでしょう。会社の仕事が想像以上に忙しくて、22時以降に帰宅するとなると、電車の中でリスニングもまともにできないほど疲れているかもしれません。

ですから、事前に想定していなかった出来事が起きた場合は、新たな特別ルールを設定しましょう。「22時以降に帰宅する場合は完全にサボっていい」と変更しても問題ないのです。

一度決めた特別ルールがうまくいかないと思ったときは、より自分に合ったルールに変更してください。

特別ルールは自分を甘やかすためではなく、計画に柔軟性を持たせるためのものですので、状況に応じて設定したり、変更したりしましょう。

②「毎日できなくてもいい」をルールにする
——週4日以上が習慣化のベストな頻度

毎日やらなくていいと割り切る

習慣化に失敗する人の多くは隙のない計画をつくって、毎日それを完璧に達成しようと考えがちです。

でも、考えてみてください。毎日しっかりやろうとするからハードルが高くなったのではないでしょうか。継続を難しくしていたのではないでしょうか。

そもそも毎日、完璧にこなすというのは現実的ではありません。もちろん、世の中は広いので日本中を探せばそういう人もいるかもしれませんが、習慣化を身につけている一流のアスリートですらサボってしまう日はあります。

習慣化をこれから身につけようとするあなたがいきなり習慣化のプロセスで完璧を目指してはいけません。完璧主義的な期待を持ってしまうと、1度の失敗が全体のモチベーションを下げる原因となりかねないからです。完璧主義は百害あって一利なしです。

毎日続けることが難しい場合でも、できない日があることを受け入れ、現実的な目標を立てることで、挫折感を減らせます。柔軟な目標設定により、想定していなかった出来事があった場合でも、習慣化の目標を諦めずに調整できます。

毎日の達成が求められると、継続的なプレッシャーやストレスが生まれます。一方で、週や月単位で目標を設定し、その中で適度な休息や調整を取り入れることで、継続がより持続可能になります。

毎日できなくてもいいという柔軟なルールにより、達成感や自己効力感を保持しやすくなります。柔軟なルールがあれば想定していない出来事があった場合でも、習慣化の目標を諦めずに継続できます。

ですから、厳格なスケジュールではなく、自分に合った「ゆるい」ペースで進めることが、習慣化を持続可能にします。

「毎日できなくてもいい」ルールを取り入れることで、持続可能な習慣が形成され、自己効力感が高められます。楽しみながら続けることで、習慣が生活の一部となっていきます。

習慣は週4日でも定着する

習慣化に向けた行動は3週間毎日取り組むことがベストです。ただ、現実的に、それができない日も起こりえます。忙しくてできない、やる気が起きない、面倒くさい。それで問題ないのです。

もちろん、1週間、毎日サボってしまったら習慣は身につきません。でも、毎日は無理にやらなくてもいいのです。実は、何かの習慣を身につけようとしたときは「週4回以上行えば習慣化しやすい」ということが研究でも明らかになっています。

習慣の頻度に関わる興味深い研究をカナダのビクトリア大学が実施しています。

この研究ではトレーニングジムに入ったばかりの男女111人を12週間にわたって

調査しています。ジム通いが続いた人と続かなかった人にどのような違いがあるかを観察しました。

その結果、ジム通いの習慣化に最も関係があったのが頻度でした。1週間にジムに行く回数が多いほど12週間後にジム通いを続けている確率が高かったのです。

特に、週4回以上通う人は週3回までの人に比べてジム通いが習慣にできる確率が非常に高かったのです。

ジムに通う場合、週2回、週3回といった頻度から始める人も多いのですが、そうするとかえって挫折しやすくなってしまうのです。1回あたりの負荷を下げても、週4日以上通った人の方が通い続けやすいのです。

これは勉強などでも同じです。1日にまとめて勉強するよりは毎日5~10分でも週4日以上少しずつ勉強する方が継続できます。

脳は本能的に同じ行動を繰り返しますが、頻度が増えれば心理的な抵抗を感じなくなります。

ときどきやるから面倒くささを感じるのです。1週間の半分以上をジムに通い続けることでそれが基本の行動として定着するのです。人は楽しいからやるのではなく、やるから楽しくなるのです。

ですから、習慣化に向けた行動を週2、3日まで減らしてしまうと問題ですが、毎日完璧にこなさなくても問題はありません。1日や2日サボったところで、習慣づくりにおいて大きな悪影響はないと考えておきましょう。サボってしまっても「週4回以上、取り組めればいい」くらいに考えておけばちょうどいいかもしれません。自分の中で「毎日できなくても週4回以上できればＯＫ」と気楽に考えておきましょう。

1週目と2週目では習慣化に向けたプロセスにおける役割が大きく変わります。1週目は毎日続けることに重きを置き、自己効力感を高めました。2週目は、高まった自己効力感を維持する期間なので負荷が大きくなるタイミングになります。ハードルも高くなり、取り組むのに心理的抵抗も生まれがちなので、週4回以上できればＯＫとルールを明確にしておきましょう。

なお、3週目でも同様に「週4日以上できればOK」のルールを適用してください。最終的なゴールが腹筋50回だとしたら、毎日50回やるのは簡単ではありません。負荷の高い状態で習慣を定着させようとすれば、毎日できないことも当然起こります。「私はなんてダメなんだ！」と自分を責める思考に陥らない仕組みづくりが重要になります。

③自分への「祝福」を設ける

自分で自分をほめることは習慣化においては意外にも重要なプロセスです。

「自分で自分をほめるなんて恥ずかしい」と思われるかもしれませんが、習慣化に向けた行動をしたすぐ後に自分をほめることで習慣化の定着が早くなるのです。

「自分をほめる」は難しく考える必要はありません。

「できたぞ」「すごいぞ」「やったぞ」と自分に対して取り組みに前向きになれるような声をかければいいのです。

あなたも自分の行動を他人にほめられると、心地よくなるはずです。「もう一回やってみよう」「次はもっと頑張ろう」とモチベーションが上がるでしょう。

これは他人からほめられたから嬉しかったり、喜ばしかったりしたと考えがちですが、自分で自分の行動や努力をほめてもポジティブな感情や達成感は生まれます。脳は同じように反応するのです。

他人からほめられると脳はそれを報酬と感じ、その行動を繰り返すようになります。自分で自分をほめても脳の報酬システムは作用します。

行動した後に自分で自分をほめると脳が行動の流れを認識し、その行動に注目します。タイミングよくほめることで脳を自分で操れる（ハックする）ようになるのです。

自分で自分をほめることは自分の能力や価値に対する自信を高めます。自己効力感を強化し、挫折しにくくなります。

次なる目標に向けて前向きなエネルギーも生み出します。成功が積み重なり、良い循環が形成されます。

「できた→ほめる」を繰り返していれば、自分の行動や努力が認識され、モチベーションの維持にもつながります。

どのようにして「ほめる」か

自分を「ほめる」のは恥ずかしいかもしれませんが、方法はシンプルです。

1　習慣化に向けた行動に取り組む
2　習慣化に向けた行動の後に、すぐに自分をほめる

行動したらすぐにほめる、即座にほめることができるかどうかが習慣づくりのスピードを決める大きな要素になります。

行動したら、間を空けず自分をほめましょう。

もうひとつの重要なポイントは、自分をほめるときに感情を「強く」抱くことです。行動したらすぐにほめて、ほめていることを強く実感してください。

たとえば、腹筋をすることが習慣で、目標としていた回数を達成したら、ガッツポーズをして、「できた！」「すごい！」のような言葉を自分にかけて、ほめてくださ い。ガッツポーズや自分への言葉かけはポジティブな感情をより強く感じるために効果的です。

もちろん、これはあくまでも一例です。必ずしも大きなジェスチャーや言葉を発する必要はありません。「ひとりでガッツポーズするのは恥ずかしいな」と感じる人もいるでしょう。

ですから、前にお伝えしたように、進捗を毎日記録して「目標をクリアできたらチェックする」「シールをカレンダーに貼る」などでもいいでしょう。

自分でこっそりにっこりするだけでも、心の中でそっとほめ言葉をつぶやくだけでも効果的です。

重要なのは、「やった」「できた」「頑張った」という感情を味わうことです。自分にとって無理のない範囲で効果的な方法を見つけてください。

④「できる!」と唱えるアファメーション

習慣化の最初の1週間で挫折を防ぐための手段として「私は確実に前に進んでいる!」というアファメーションを唱えました。

2週目は、負荷が高くなる期間です。アファメーションの重要性も高くなります。「できる!」とアファメーションを唱えます。

新しい習慣を取り入れる際には緊張やストレスが発生します。特に2週目は負荷が一気に増えるので、「できるかな」と気弱になりがちです。

ただ、難しい状況に直面して、「できそうもない」と思ってしまうとたんにできなくなってしまいます。

アメリカのプロスポーツの世界では選手もコーチもネガティブなコメントを一切言わないというルールを徹底しているチームがあります。


「ダメだ」「調子悪い」といった直接的な発言はもちろん、皮肉的な内容、間接的に何かや誰かを否定する言葉や相手への威圧的な態度も一切避けるそうです。

ネガティブな空気を完全に排除し、「私たちはできる」「記録を更新できる」という集団の自己効力感を高めることで、全体のパフォーマンスを高めているのです。

ポジティブなアファメーションは2週目に増大しがちなネガティブな感情や緊張、ストレスを軽減する働きがあります。自分に対して「できる!」と言い聞かせることで、挑戦的なタスクに対する不安を減少させます。


2週目になるとアファメーションの効果も少しずつ感じられるようになるかもしれません。なぜならば、アファメーションは繰り返せば繰り返すほど脳の思考を変えるからです。

これはアファメーションが記憶と関係しているからです。特に長期記憶です。長期記憶は、思い出すのには時間がかかったり、きっかけが必要だったりするけれども、自分にとって消し去ることのできない記憶です。

それに対して、短期記憶というものがあります。短期記憶は、新しい情報を一時的に覚えておくものです。

一時的に記憶したものを長期記憶に入れるかどうかを1カ月くらいで脳の海馬が判断します。日常的な出来事や、勉強して覚えた情報は海馬の中で一度ファイルされて整理整頓され、その後、大脳皮質にためられます。そして長期記憶として固定されます。

つまり、自分にとって重要だと判断したものは、長期記憶に入れ、重要ではないと判断したものは、完全に忘れ去ります。アファメーションを唱えることは脳に重要だと認識させる行為といえます。

この時期のアファメーションは認知の方向性を変える重要な役割を果たします。1週目に比べてハードルが上がるので、「自分はできる」という感覚をしっかり補足してあげる必要があるからです。自分に対して「できる！」と肯定的な言葉を繰り返すことで、ネガティブな自己評価や不安を軽減し、自己効力感を強化します。

また、自分の潜在能力を引き出す助けにもなります。自分に対してポジティブな言葉を発することで、自分の中に秘めた力にアクセスしやすくなり、それが成功への階段を築く手助けとなります。

ハードルが急に上がる時期ですので、自分の望むアイデンティティも揺らぎがちです。アファメーションを唱えることで自分が望むアイデンティティの強化にもなります。

たとえば、弱気になりそうなときも「私はできる人間だ」とアファメーションを繰り返すことで、自分を目標を達成できる存在として再認識できるようになります。

実際、「自分はできない人間だ」と思ってしまうと、本当にできなくなってしまう可能性が高まります。

ですから、アファメーションによってそれを塗り替えます。「できる」という信念を強化することで、困難な状況にも前向きな態度で臨むことができ、それが成功につながります。

アファメーションは一定期間毎日継続することが効果を高める上で重要です。効果が感じられるまでの時間は個人差がありますが、自己効力感が数週間で向上したとの研究報告もあります。

では、2週目のアファメーションの具体的な取り組み方について見ていきましょう。

1　毎日同じ時間にアファメーションを唱える

毎日同じ時間にアファメーションを唱えます。本書では1日の終わりの振り返りの後にアファメーションをすることをおすすめします。

2 肯定的かつ具体的な文言を選定する

アファメーションは一人称で始め、「私はできる！」「私は腹筋50回を達成できる！」など、肯定的でかつ具体的な言葉を含むことが大切です。脳に否定的表現は通用しません。

否定形は脳が認識しないからです。具体的な進捗や成果に焦点を当て、自分の行動や努力を称賛する表現を選びます。また、「私はできる、私はできる」とただ言葉を唱えるのではなく、それができている姿をイメージしながら唱える姿勢が重要です。

3 現在形で自分が望むイメージを表現する

2の例のように、自分が望むイメージを具体的な言葉でアファメーションしてください。たとえば、「私は筋肉質になっている」という言い方よりも、「私は筋肉質になって腹筋がシックスパックになっている」の方が、脳の「GPS機能」が働きます。

また、将来できるのではなくて、今できている状態として言葉にしましょう。よくアファメーションは自分に対してうそを言うことなのかと聞かれますが、アファメーションは本来の姿に戻るためのものであり、未来の自分を先取りすることでもあります。

4 個人の目標や価値観に合わせた内容にする

アファメーションは自分の目標や価値観に沿った内容にすることで、個々の効果を高めます。自身の進みたい方向や大切にしている価値観を考慮し、それに基づいた具体的な言葉を組み込みます。

アファメーションの言葉が決まったらここに書き込んで、同じ言葉を毎晩唱えてみましょう。毎日、内容を考えて唱えるよりは、決まった内容を唱える方が負担も少なく、継続しやすいはずです。

ここでも、ただ言葉にするのではなく、できた後の自分の姿をありありと想像しながら唱えてください。その状態が現実であるようにイメージしながら唱えてみましょう。

・例：「私はできる。私はこの2週目の目標の腹筋50回を達成できます。そうすることで、私は腹筋が割れてシックスパックになっている」

5 ポジティブな感情と連携する

アファメーションを唱える際には、その言葉に対するポジティブな感情を込めます。肯定的なエネルギーと感情は、アファメーションの効果を強化し、自分に対する自信と自己効力感を高めます。

なお、アファメーションは他人に伝える必要はありません。下手に話すことで、「それは難しいのでは」などと指摘されてしまえば自己効力感はたちまち低下してしまいます。他人の目や実現可能性などを気にせず、自分が望む理想のイメージ像をつくり上げましょう。

これらのポイントを押さえて、2週目にもアファメーションを毎日実践することで、自己効力感を高めて、習慣化を促します。

2週目のアファメーションは「この取り組みの延長線上で自分はこうある」というイメージを脳に焼きつけることを重視しています。その感覚を味わいながら、毎日繰り返すことで、セルフイメージを変えていきましょう。

まとまった期間の取り組みを振り返ることは1日単位で感じていた自己効力感をさらに高めます。また、定期的に振り返ることで、脳はその情報をより深く記憶し、長期的な学習として補完できます。

「今週、こんなに頑張った」と再認識することで達成感も高まり、モチベーションも向上します。

振り返りは習慣化に向けて気づきを得るのにも効果的です。振り返りをせずにそのまま進んでしまうと気づきの機会を失ってしまいます。振り返ることで、「うまくいった」「あそこは変えられるかも」など自らの感情に気づき、それを次の段階への学びや成長に結びつけられます。

準備の段階（WEEK 0）で描いた将来の理想像とここまでの道のりを改めて意識するのもイメージを再強化するのに有効です（振り返りの効果の詳細は1st WEEKのコラムを参考にしてください）。

では、次のステップを参考に自分自身に質問しながら振り返りとイメージの再強化につなげてみてください。

1 肯定的な要素の振り返り

最初に、自分が2週目で達成したことや成功体験に焦点を当てます。これはポジティブな感情を強調し、モチベーションを維持する助けになります。

具体的な質問

・2週目の中で嬉しかったことは何ですか?
・2週目は、チャレンジングな期間でしたね。その中で達成感を感じた瞬間はありましたか? どんな気持ちがしましたか?

2 課題や困難の振り返り

次に、2週目で直面した課題や困難を振り返ります。感情や行動の背後にある理由を理解することが重要です。

具体的な質問

・2週目は負荷が大きくなりましたね。その中で直面した課題や困難は何でしたか？

・それらにはどのように対処しましたか？

・困難から学んだことはありますか？

3 目標との整合性の確認

達成された成果や経験を自分の長期的な目標と照らし合わせ、現在の進捗との整合性を確認します。目標が適切であるかどうかを検討し、必要に応じて修正を行います。

具体的な質問

・設定した目標に対して、スタートした時点からどれだけ進捗しましたか？

・目標やラフなプランが実現可能であると思いますか？

・現在の行動が長期的な将来像と整合していますか？

4 次週へのアクションプラン

振り返りの最後に、得られた気づきをもとに次週のラフなプランの修正を行ったり、追加したいアクションプランを立てたりすることで、翌週に向けて準備を整えます。

具体的な質問

・現在の目標やラフなプランを修正する必要がありますか?
・次週に行いたいアクションプランはありますか?

2週目の振り返りの後に、アファメーションを行ってください。

3rd WEEK

定着

15日目〜21日目

——「内発的動機」をつくる

ここまで、準備の段階で「外発的動機」をつくり、
1週目、2週目では「自己効力感」を高めて
維持することで、
徐々に負荷を増やしながらも、
習慣が続くようにしてきました。

しかし、いつまでも「外発的動機」に頼っていては、
習慣は続きません。
なぜなら、「外発的動機」の効果が続くのは、
短期間だからです。

そこで、3週目の段階、つまり「習慣の定着」の段階では、
「外発的動機」を「内発的動機」に
変えていく必要があります。

3rd WEEKでは、「外発的動機」を「内発的動機」に変え
習慣を続けるのが楽しくて、
故に「自動化」される方法を紹介します。

「定着」とは、「それそのものが楽しい！」状態

なぜ、内発的動機が必要なのか？

3rd WEEKでは習慣化に向けた行動を定着させます。その際に重要になるのが「内発的動機」です。

内発的動機づけは、自分の内部にある興味や関心などをもとに行動を起こすことです。

誰に何を言われようとも、強制されなくても「行為そのものが楽しいからやる！」という状態です。

わかりやすいのが趣味の習慣です。たとえばみなさんの中にもゲームやスポーツを日常的に楽しんでいる人はいるでしょう。

おそらく何らかの報酬がもらえるから行っているわけではないはずです。純粋にスポーツやゲームが楽しいから行うのです。

3rd WEEKは最後の週になります。なぜ、「楽しいからやる！」状態にする必要があるのか、内発的動機が必要なのかを、これまでの2週間の取り組みを振り返りながら考えてみましょう。

まず、習慣化に向けた初期段階では外発的動機が大きな推進力になりました。外発的動機は、「かっこよくなりたい」「お金持ちになりたい」のような外部からの刺激や報酬に基づいて行動を促すものでした。

人間の脳は変化を嫌うので最初は報酬が必要になります。外発的動機が明確であればあるほど脳はそれを認識し、重要な情報と位置づけ、習慣の立ち上げを後押しします。自分がなりたいイメージ、報酬によって行動の動機づけが高まり、取り組みやすくなるのです。

最初の1週間は小さなステップから始め、毎日、確実に行動することが重要でした。目標は1日1回、1日1分でもよいので小さな成功体験を積み重ねます。「自分はできる」という自己効力感を高め、続ける自信を持つことが最大の狙いです。習慣化は最初の1週間で約4割が挫折します。自己効力感を高めることで、挫折しやすい1週目での焦りや負担を最小限に抑えます。

2週目では、徐々に負荷を増やしていくことで、挑戦のハードルを上げながらも自己効力感を維持します。適切なタイミングで負荷を増やすことで、ハードルは高くなっても「自分はできる」感覚を保てるようにします。挑戦しながら達成感を得られる目標を設定することで、自信を損なわずに習慣を強化できます。

そして、3週目です。内発的動機をつくることで、習慣を単なる義務や目標達成のためだけでなく、楽しさや充実感をもたらすものとして捉えられます。行動そのものに意味を見出せたり、喜びを感じたりできれば生活の一部になり、身構えることなく取り組むことができます。

「今日もやらないと」「計画をこなせていないな……でも面倒くさいな」のような義務感から抜け出し、習慣が自身のライフスタイルに組み込めるようになります。

人間は報酬など外発的動機が大きければ、気が進まない行動も継続できます。ただ、目標達成に必要な最低限のことしか行わない傾向にありますし、効果は短期間といわれています。高いモチベーションを持ち続けるのには向いていません。高いモチベーションを長期間にわたって維持する場合、その行動自体に関心を持ったり楽しいと感じたりする必要があります。

内発的動機は、外発的動機に比べて持続的で、長期的な行動の土台になります。内発的動機に基づけば行為そのものが面白いわけですから、無理なく続けられるのです。この状態になれば、継続的に楽しんで取り組めるようになり、習慣が生涯にわたって続く可能性が飛躍的に高まります。

「それならば最初から内発的動機で習慣化すればいい」と思われるかもしれません。確かにそれが理想ですが、どうでしょうか。

「腹筋ってやったら楽しそうだから明日から腹筋しよう」「語学って面白そうだから毎日やろう」と思って実行できる人はほとんどいないでしょう。そもそも、楽しそうと思っていたら、特に習慣化しようなどと決意せずに生活に組み込まれているはずです。筋トレや語学が趣味の人を見ればそれはわかるでしょう。

ですから、私を含めて大半の人はまずこうなりたい、ああなれたら楽しいなという願望を起点に習慣化するのが挫折しないコツになります。外発的動機から始めて、少しずつ内発的動機を大きくしていきましょう。

3週目で動機づけを外発的動機から内発的動機にうまく切り替えることが習慣化に

向けた行動に持続性をもたらす鍵になるのです。

内発的動機がある状態こそが、「定着」である

では、内発的動機づけで行動している状態、行為そのものが楽しい状態とは具体的にどういう状態かをここでは見ていきます。

内発的動機づけで行動している状態は楽しく没頭し続けられる状態です。**活動それ自体が目的となっている状態**ともいえます。

なぜ、行動そのものが目的になっているかというと、これは習慣化した行動がポジティブな感情と結びついているからです。

たとえば、運動を習慣化する場合、最初は「異性にモテるために筋肉質になりたい」という外発的動機で始めたとします。「モテたい、モテたい」と筋トレに励んでいると、次第に運動することに爽快感を感じたり、嫌なことを忘れてリフレッシュできて

気分がスッキリしたりする瞬間があるはずです。

当初の「異性にモテるために筋肉質になりたい」動機とは違う感情が芽生えてきます。2週間も続ければ「あれ、体がちょっと変わってきたかも」と変化を感じて、嬉しくなるかもしれません。このように、最初は外部からもたらされる報酬や評価、昇進など外発的動機で行動していたのが、取り組んでいる間に自然とポジティブな感情が出てきて、「またその行動を行いたい」と目的が行動そのものに変わります。

たとえば、「英語ができたらなんとなくかっこいいし、外資系企業で働きたい。収入も高そうだし」という未来の自分をイメージして英語を勉強し始める人は少なくないでしょう。

もちろん、その動機を保ってひたすら頑張ろうとする人もいるでしょうが、私の周りを見てもそういう人は長続きしません。続いている人は語学を楽しめる人なのです。

少しできるようになると海外旅行に行っても現地の人とコミュニケーションができて楽しい、外国の人と触れ合うことで異文化を学べて面白いなど、就職や世間の評価などではなく語学を学ぶことそのものに喜びを感じるようになると、学習が継続します。結果的に外資系企業で働く可能性も高まります。

私も最近、この動機の切り替えを体験しました。

「生産性が高い人になりたい」。私は常々こうした理想の自分のイメージを持っています。この理想に近づくために、食生活や運動習慣を見直し、仕事のパフォーマンス向上にも取り組みました。転職し、今、経営に携わっている企業は全て業績も好調です。

仕事の一環でYouTubeも配信しています(https://www.youtube.com/@high-performance)。どうすれば生産性を高められるかを軸に「仕事ができる人が見えないところで必ずしていること3選」「仕事ができる人の朝の習慣」「突き抜けた人になるための5つの習慣」などをテーマに話しています。

YouTubeを始めたのは私自身、生産性の高さを実現するコンテンツを発信することで「生産性が高いと思われたい」という願望もありましたし、コーチング事業の集客につなげるためでもありました。外発的動機からです。

正直、週に1度の配信なので当初は大変でした。内容を考えなければいけませんし、撮影もしなければいけません。今週はやめようかなと思うこともありましたが、それを外発的動機で何とか乗り越えて続けられました。

ただ、不思議なことに今は全く苦痛ではありません。むしろ、楽しいのです。続けているうちに、私自身がどう思われたいとかこれはコーチングの仕事のためにやらなくてはという気持ちが次第に薄れ、「生産性を高めたい人の役に立ったら嬉しいな」という思いの方が大きくなったのです。

今週は何を話そうかと悩むことも少なくなり、今週はどんな内容がいいかなと企画や構成を考えるのが楽しみになったのです。配信そのものをポジティブに感じられるようになっています。


おそらくあなたは何か趣味があると思いますが、趣味はこの状態です。

たとえば釣りが好きな人は何で釣りが好きかと問われれば「珍しい魚を釣りたい」「大物を釣りたい」などの答えがあるかもしれませんが、突き詰めれば「釣りをしているのが楽しいから」と答えるはずです。私のYouTubeも「配信そのものが楽しいから」という状態です。

つまり、外発的動機づけから内発的動機づけへの切り替えとは、脳を無理やり働かせて、意識して習慣化しようという状態から、心の底から行動そのものを楽しいと感じる趣味のような状態に移行させせると考えるとわかりやすいかもしれません。

行為そのものが楽しい状態とは「習慣に向けた行動の自分のスキルと難しさのバランスがとれた状態」ともいえるでしょう。

たとえば、釣りが好きでも、釣れすぎては飽きてしまうはずです。全く釣れないわけでもなく簡単には釣れない状態ですと没頭できて楽しいはずです。

ですから、習慣化においても取り組みが楽しくなるには集中できるかが重要になります。

そのためには計画が十分に挑戦的でありながらも、能力に見合っている必要がありますす。この2つがそろうことで、深い集中状態が生まれます。集中することで楽しさや充実感が増します。

たとえば、読書を習慣づける場合も自分の仕事と関連する本から読み始めるなど工夫してみましょう。少し難しくても、自分の興味から遠くなく、仕事に役立つものでしたらそこまで苦にならず読めるはずです。

新しい知識やスキルを学びながら継続できます。そこで達成感が生まれれば、仕事に関係なく読むこと自体が面白い状況に近づけるはずです。

これらの要素を意識することで、3週目において内発的動機を育み、「それそのものが楽しい」という定着の状態を築けます。そうすることで、単なる習慣の継続ではなくなります。

行動そのものが充実感や楽しさをもたらす生活の一部となり、持続可能なライフスタイルとして根づかせることができます。

習慣化の動機を「絶対にこうなりたい！」から「それそのものが楽しい！」に変える

なぜ、「それそのものが楽しい！」に変える必要があるのか？

「それそのものが楽しい！」という内発的動機づけによる状態は習慣の定着には不可欠です。

なぜならば「こうなりたい」という憧れなどの外発的動機づけは初期の段階では効果的ですが、その効果は長く続かないからです。

外部の報酬や目標だけで行動を継続するのは難しく、継続性の観点では個人の興味や喜びに基づく内発的動機を行動のエンジンに位置づける必要があります。

1週目で小さく始め、続けることを優先することで、成功体験を積み重ね、「自分はできる」という自己効力感を高めました。これにより、行動に対する自信がつき、2週目で徐々に負荷を増やす際にも、挫折を避けながら進める土台が築かれます。

ただ、3週目においても「絶対にこうなりたい！」という外発的な目標に執着しすぎると、継続が難しくなる可能性があります。「それそのものが楽しい！」という内発的な動機で行動そのものに喜びを見出すことで、継続できるのです。

これは脳の働きから説明できます。

外発的動機は常に外部から脳の「GPS機能」を働かせ続けなければいけないからです。アファメーションを活用するなどして「こうなりたい！」と脳に信じ込ませ続ける必要があります。

これをずっと続けるのは簡単ではありませんが、継続しているうちに脳が変わります。習慣化に向けた行動が、最初は楽しいと認識しなくても、続けているうちに自己効力感を高める工夫などをすることで「この行動をしたら楽しい」と感情に結びつき、脳の中の新しいニューロンが形成されます。

たとえば、筋トレも最初は「ちょっと大変だな」と感じるので、負荷を軽くしたり、憧れのイメージを認識したりして継続することを優先します。

そして、続けているうちに「なんか筋肉がついてきて楽しいな」「筋トレをやっていたらストレスが軽減されたな」と行動とポジティブな感情が結びついて、脳の仕組みが変化していきます。一度、ニューロンが形成されれば、特定の行動と楽しさが結びついているので、ずっと続けられます。脳はその行動に注目して、反復を後押しするからです。

勉強の習慣も、最初は多くの人がポジティブな感情とは結びついていない状態です。いやいややる人も多いでしょう。やり続けることで、「新しいことを知ることができて楽しい」「今日勉強したことが昔習ったことと関係していて面白い」のように取り組み自体がポジティブな感情と結びついて無理することなく習慣化できます。

初めは「やったらほめられる」「やらないと叱られる」のような外から与えられたモチベーションであっても、次第に「もっと知りたい」という内面からのモチベーションに変化するケースがとても多いのです。

このように、内発的な楽しみに焦点を当てられるようになれば、行動そのものが充実感や満足感をもたらすので、モチベーションが維持されやすくなります。「やらされている」「やらなければならない」感覚がなくなるので、継続が自然になり、長期的な成果を生む可能性も高まります。

「楽しい」の割合を増やす

この変化はいわば自分の価値観の変化です。最初は習慣化の「手段」であったものを「目的」そのものにしてしまうのです。

たとえば「『モテたいからマッチョになりたい』を達成するための手段」としての

筋トレ習慣を、「筋トレそのものが楽しいから取り組む」と目的に変えるのです。最初から「筋トレが好きだからやる」に持っていくのは難しいので、まずはコントロールしやすい外部からの動機づけを行動する手段として使いながら、行動そのものを目的に変えていきます。

ここで気をつけなければいけないのは、2週目まで強く意識していた将来の「こうありたい！」を全て捨て去ってはいけないということです。

3週目は今までの取り組みの延長線上に「こうなりたいな」というイメージをずっと持ち続けながら、「こうありたい！」を達成する手段だった行動を「それそのものが楽しい！」に切り替えていく期間です。理想の自分のイメージは持ち続けましょう。

おそらくあなたは、習慣化に向けた行動を始めた1週目にはほとんど楽しさを感じないはずです。「特にやりたいと思わない」状態を外部からの動機づけによって脳を刺激して、行動を起こしている段階だからです。

2週目は負荷を高めて意欲的なチャレンジをすることで達成感が高まるとともに、楽しみや喜びを感じる瞬間もあるでしょう。常に楽しいわけではないですが、たまに爽快感を感じて「しんどいけれども筋トレを始めてよかったかも」と思う瞬間も訪れるはずです。

そして3週目では、自分の成長を感じて、動機が切り替わります。2週間の継続によってコンフォートゾーンの揺り戻しがかなり弱まっているので、負荷の高い状態を続けても、行為そのものを楽しく感じられるようになります。

もう、筋トレが脳にとって普段行わない出来事、非日常的な行為ではなくなっています。

このように、内発的動機による「楽しい」は急に生まれるというよりは、少しずつ全体に占める割合が増えるイメージです。いわば、習慣化に向けた3週間は「楽しい」要素をどんどん増やして自分自身の価値観を変える3週間ともいえます。

もちろん、「楽しい！」という感覚は人それぞれです。おそらく、私とあなたの「楽しい！」の感覚も違うでしょう。

ですから、自分の価値観を明確にして、把握しておく必要があります。

これは一見、難しく思えるでしょう。「あなたの価値観を教えてください」と言われても困ってしまうはずです。これは価値観というものは一般的には非常に曖昧なものだからです。ですから、この曖昧さを自分で明確にすれば自分自身の価値観がはっきりするはずです。

たとえば、「お金をたくさん稼ぐよりも、健康でありたい」という未来の自分を描いてこれまで習慣化に向けて運動をしてきたとします。「健康でありたい」は多くの人が望む未来ですが、わかるようでわかりません。

非常に抽象的ですので、この願望を明確にするために個人的な要素に分解します。自分は何で健康でありたいのか。長く働きたいのか、リタイアして旅行を楽しみたいのか、家族や友人と末永く仲良くしたいのか。

そもそも、お金は何でそんなにいらないのか。お金をたくさん稼ぎながら健康であってもいいのではないか。

このように、自分の軸となる価値観を見つけましょう。この軸に行動が基づくことで、習慣の楽しさの割合は増えていきます。

エジソンは習慣化のプロ

習慣は楽しければ続けられます。どんどん楽しくなって続けていれば、結果的に成功体験も多くなります。おそらく、習慣を続けているという意識はないはずです。楽しいからやっている。それを人によっては習慣と呼ぶのです。

ですから、歴史上の偉人の多くは他人から見たら苦行にも思える習慣を「それそのものが楽しい！」状態に切り替えた人といってもいいかもしれません。

その一人が「発明王」とも呼ばれるトーマス・エジソンです。彼の発明の数（特許の数）は1000を軽く超えます。私たちが今、映画を見たり、電話をしたり、音を記録したりすることができるのは、全てエジソンの功績です。

彼の特許の中で最も有名なのが白熱電球です。夜に明るさを享受できるのはエジソンの発明のおかげです。

もちろん最初からうまくいったわけではありません。

明るさを長時間保つには電球の中の光る細い線（フィラメント）が、電気を通して熱くなっても切れないようにしなければいけませんでした。当然、切れないように工夫すればよいのですが、当時の技術者は誰もが苦戦していました。

フィラメントを何の素材にすればよいのか。エジソンは新しい素材を試しては失敗、また新しい素材を探して、試しては失敗……。一説によると2万回試したともいわれています。

普通の人ならば諦めるでしょう。でも、エジソンは諦めませんでした。実験が習慣化していて、特に成果が出なくても実験そのものが楽しかったからです。実際、彼は白熱電球の特許取得に成功した際に「数えきれないくらい失敗したけれども何で諦めなかったのか」と聞かれこう答えています。

「あれは、失敗ではありません。うまくいかない方法をひとつひとつ確かめたのです」

世の中の多くの人から見れば明らかな失敗の実験も、彼にとっては楽しい実験のひとつだったのです。エジソンは諦めることが失敗とも言っていますが、おそらくそんな選択肢はなかったでしょう。

実験の習慣がひたすら楽しい状態になっているので、続けているという感覚はないのです。続けているという感覚もなければ、やめようとも一切思わないわけです。楽しいから無意識に取り組んでいるのです。白熱電球ひとつで2万回の実験をしているわけですから、1000を超える発明の裏には何千万回といううまくいかない実験があったはずです。

「つらいな」と感じるかもしれませんが、それは常人の感情で、エジソンからすれば「今までわからないことを知ることができて楽しい」行動を積み重ねただけだったのです。

自分の軸を持って世の中の価値観とは関係なく、習慣化に向けた取り組みが「楽しい！」と思えたら、それはもう習慣化のメソッドを手に入れたといってもいいでしょう。

習慣を「それそのものが楽しい!」に変える方法

①「意味づけ」をクリアにする

ここでは「こうありたい」を無理することなく「楽しい」に変える方法についてお伝えします。重要になるのが「意味づけ」です。

意味づけと聞いてもピンとこないかもしれませんが、多くの人が意味づけを有効に使っています。

たとえば仕事ができる人は、会社で自分が置かれている状況が変わるたびに新しい意味を見出し、やる気が自然に湧いてくる状況を自分でつくっています。異動が多くても、「自分はこの職場に求められている人材だ」とか「今の仕事は確かにつらいが、この経験が次に生かせるはずだ」など、仕事の意味を自分で決めるのです。

反対に意に沿わない部署に異動した途端、すっかりやる気をなくしてしまう人は、意味づけがうまくできず、会社からの評価のような外からの動機づけに頼りすぎているのかもしれません。

習慣づくりにおいても、なぜそれをやるのかを意味づけてあげることでモチベーションを高める効果があります。

2週目までは習慣化に向けた行動は「こうありたい」の理想に近づくための手段でした。3週目では手段ではなく行動そのものを目的に切り替えます。「こうありたい」のイメージを持ちつつも、「楽しいからやる」を行動の動機づけにします。ここで考える必要があるのが、そもそもあなたが「こうありたい」の姿になりたいのはなぜかという問題です。

これは習慣化に向けた最初の段階ではややこしくなるためあえて触れませんでしたが、内発的動機と深く関係しています。人間の行動や思いにはそれを動かす何かがあります。「かっこよくなりたい」「モテたい」「お金持ちになりたい」のような漠然としたイメージでも、なぜそうなりたいのかは何かしらあるはずです。その意味をクリアにするのが習慣化における「意味づけ」です。

意味づけをクリアにすることは自己理解を深めます。なぜやるかは当然、自分だけの理由があるからです。「英語をペラペラしゃべりたい」とあなたも会社の同僚も思っていても、その思いに至った背景が全く同じことはありえません。

意味づけすることで習慣化する行動が自分の成長や自分の価値観に合っているかを改めて認識できます。自分自身を見つめ直すことで、充実感も内から湧き出て、セルフイメージも高まります。

2週目までの習慣の動機づけは「ああなりたい」のように他人に憧れたり、「モテたい」「仕事ができるようになりたい」のように他者の期待に応えたり、他者の評価が軸でした。

つまり、他人ありきの動機づけでしたので、自分では動機を完全にコントロールできない面がありました。あなたが「上司のように商談で英語を使いこなして上司に評価されたい」とイメージして英語の勉強を頑張っても、上司が評価してくれるかはわかりません。

そのため、モチベーションの低下や挫折する可能性を含んでいました。しかし、意味づけをクリアにすることで動機づけを独り立ちさせられます。自尊心を育めるのです。

また、意味づけをクリアにすることは行動の本質的な喜びや楽しさの再発見につながります。なぜそうなりたいのかの理由をうまく掘り起こして、行動と自分の価値観の整合性が見つかれば、行動そのものが楽しくなって、習慣が続きやすくなります。

たとえば私のクライアントに「海外で働けたらかっこいいから、英語の勉強の習慣を身につけたい」という動機で習慣化に向けて行動を始めた方がいました。続けているうちに、いつのまにか英語で外国人と会話するのが楽しくなって、ますます勉強するようになりました。

その方は人とのコミュニケーションを非常に大事にする価値観がもともとあって、英語の学習を通してコミュニケーションの面白さを再認識し、自分にとって英語学習は単に仕事のためだけにやるのではないと意味づけできたそうです。

自分で自分の行動の意味を理解していれば途中で挫折する可能性も低くなります。習慣化の過程で困難や障害に遭遇することは避けられませんが、そのときになぜその行動を続けるのか、なぜそれが重要なのかを理解していることで、困難に立ち向かう力が生まれるからです。

目的を明確にすればするほど、一時的な困難や不快感に打ち勝つ意志が強化され、習慣の継続に結びつきます。

いかに意味づけするか？

では、どのようにすれば意味づけはできるのか。具体的な方法を見ていきましょう。

まず、気をつけなければいけないのは、意味づけはひとりひとり違うことです。

筋トレしてマッチョになりたい理由も、英語をペラペラにしゃべりたい理由も人それぞれです。もし、体重70キロの人が二人いて、それぞれ「半年で65キロになりたい」とイメージしていても理由は違うはずです。

ですから、意味づけに絶対に必要になるのは自己探求です。自分の内面を探索する作業です。極論を語れば自分とは何者かを問う作業といっても言い過ぎではありません。

「こうなりたい」という外発的動機は動機づけが曖昧です。むしろ、曖昧でも問題ありません。「かっこよく見られたい」「かしこく思われたい」などが動機の人が大半でしょう。

それくらいの方が習慣化に向けた初期段階ではやる気が起きます。私自身、仕事ができるように思われたいと考えて働き方の習慣を見直したのが習慣づくりのきっかけでした。

ただ、繰り返しになりますが、外から与えられる動機は長続きしません。ですから、自分がやっていることにどんな意味があるのか、どんな目的でこの行動をしているのかと自問自答してみましょう。

なぜそうなりたいのか、そうありたいのかを突き詰めることで、自分の基本的な価値観や人生の大きな目的が整理されます。それが今取り組もうとしている習慣とどう関連しているかが明確になります。

たとえば「かっこよく見られたい」という外発的動機はなぜあるのか。自分の今や過去を振り返れば「かっこよく見えると仕事ができるように思われるから」かもしれません。もしかすると、「学生時代にモテなかったから、自分を変えたい」かもしれません。意味づけは、あなただけの動機を見つける作業です。

また、その作業とも関係しますが、自分だけのパーソナルストーリーをつくりましょう。これは習慣が自分の人生にどのような影響をもたらすかを描くものです。「こうありたい」と考えた将来の姿やその姿になれたときにどんなことを感じるか、何を成し遂げたかなどを想像します。

ストーリーづくりでは行動が楽しいと感じられるような情熱的な要素を含むべきで

す。

ストーリーづくりとなると難しく感じるかもしれませんが、誰でもできます。自分はどんな人生を送ってきたのかを振り返り、自分がどうありたいかに思いを巡らせればいいのです。

あなたが主人公の映画をつくればいいのです。あなたが主人公であなたが監督です。なんの制約もありません。当たり前ですが、ひとりひとりの人生は全く異なります。

１００人いれば１００通り、１０００人いれば１０００通りの人生があります。それには正解も不正解もありません。

たとえば「英語をペラペラにしゃべりたい」という将来像を描く人は多いでしょう。ただ、なぜ英語をペラペラに話したいかは人それぞれのはずです。海外で働きたい、海外に住みたい、外国人と仲良くしたい。そしてその動機もさらに深掘りしていきます。

海外で働きたいのは、親せきに外資系企業で働いている人がいて、強い影響を受けたからかもしれません。外国人と仲良くしたいのは、幼少期に隣の家に住んでいた外国人家族との交流が楽しかったからかもしれません。では、なぜ、親せきに影響を受けたのか、交流の何が楽しかったのかと深く掘っていくことで習慣化の動機は明確になり、意味づけがされていきます。あなただけの唯一無二の動機が意味づけされれば、将来の自分の姿もより具体的に見えてくるはずです。

たとえば私は「仕事でパフォーマンスを上げたい」「生産性が高いビジネスマンになりたい」と社会人になるころにぼんやりと考えていました。実際、生産性が高いビジネスマンになれば時間にも余裕ができるし、家族ともゆっくり過ごせると考え、習慣化にもいろいろ取り組んでいました。

ただ、うまくいきませんでした。実際は、仕事で成果を出せば出すほどがむしゃらに働くことになりました。もっともっとと成果を自分も周囲も追い求め、残業の嵐と休日出勤続きでした。成果とともに労働時間も比例して増えたのです。

そこで、自問自答したのです。なぜ、私は仕事でパフォーマンスを上げたかったのか。徹底的に自己探求しました。すると、単純に「できると思われたい」という願望や、起業家である父親への憧れがあることがわかりましたが、さらに意味づけしていくと、幼少期の体験にぶちあたりました。

父親が仕事の忙しさから家にほとんどおらず寂しい思いをしていて「自分が家族を持ったら家族との時間を大切にする」と考えていたことを思い出したのです。そうした意味づけがされると習慣化へのモチベーションも高まります。

実際、食事の習慣や運動習慣を見直し、労働環境も家族とのコミュニケーションも全てが好転しました。

そして、「私と同じように忙しくて時間を確保できない人に私と同じように働き方を変えてほしい」と感じるようになり、仕事のパフォーマンスを上げることに特化したコーチングの会社を起業することにもなりました。

自分がなぜやるのか、それは究極的にはあなたが生きている意味といっても言い過ぎではありません。習慣化の意味づけとは人生の意味づけでもあります。その意味の輪郭がはっきりすれば自然と習慣化への取り組みは加速するはずです。

もし、あなたに余力があれば、自分の意味づけを他の人と共有してみましょう。自分が取り組む習慣の意味を家族やパートナー、親友に語ることで、その行動は他者にとっても価値あるものと実感しやすくなるでしょう。

たとえば、私の仕事の生産性の意味づけ（子どもに寂しい思いをさせたくない）を語ることで、私が忙しそうにしていても「これは時間に余裕をつくるためで、家族のために頑張ってくれている」と理解してもらえるようになりました。それまでは「何で仕事ばっかりなの」と妻も子どもたちも思っていましたが、なぜ頑張って働いているかをオープンにすることで、家庭の雰囲気も変わりました。共有したことで、忙しいときは応援してもらえるようになり、私の意欲も高まっています。

もちろん、状況が変わるにつれて、意味づけも変わることがあります。定期的な振り返りと調整を通じて、習慣が常に自分にとって意味のあるものであるかどうかを確認しましょう。

②習慣を「楽しい経験」と結びつける

行動が「楽しい！」と感じられれば、習慣化に向けて大きく前進します。たとえば、英語の学習は最初は苦痛でしょう。「単語を覚えるのがしんどい」「文法を覚えるのが面倒くさい」状態は誰にでもあるはずです。

ただ、「1日5分だけ勉強する」「1日5単語だけ覚える」のように小さなステップで始めて自己効力感を高めていくと、他の人と話せるようになって、面白い話題で笑ったり、海外映画も字幕がなくてもほとんど理解できるようになったりして、英語を学ぶこと自体が楽しくなるはずです。

同じ行動をしていても楽しい経験があると、感じ方も変わります。苦しくなく、楽しくなります。楽しい経験があれば、無理なく続けられます。

ですから、習慣を楽しいと思うには「楽しい経験」と結びつけるのもひとつの方法です。これは認知科学の観点からも効果が明らかになっています。

まず、「楽しい経験」は脳の快楽中枢を活性化させます。行動が楽しい経験と結びつくと、脳の快楽中枢である報酬系が活性化され、行動が楽しいと感じる要因となります。

報酬と満足感に関与するため、楽しい経験が習慣のポジティブな要素として働き、モチベーションを高めます。

また、行動を楽しい経験と結びつけることで、その行動に対してポジティブな感情がつくられます。心理学的には、ポジティブな感情は行動の再発生を促します。楽しいからもっとしたいとなるわけです。

習慣が楽しい経験と結びつくことで、その習慣を続けることがポジティブな経験をもたらす手段となり、モチベーションを高く維持できるのです。

習慣が楽しい経験と結びつくことで、行動への抵抗感やストレスが軽減される点も見逃せません。行動が楽しいと感じることで、その行動に取り組むことが負担ではなくなり、抵抗感を減少させる効果があります。

楽しい経験と結びつければ、習慣が日常生活の一部として定着しやすくなります。継続的な楽しさが感じられる習慣は、単なる義務ではなく、生活の中で喜びをもたらす存在となるからです。

これにより、習慣が自然なものとなり、心地よい日常の一部として受け入れられるようになります。

自然と継続できるようになれば、最終的には望む成果を達成しやすくなります。英語を勉強して、海外ドラマの英語が理解できるようになれば楽しくなってもっと勉強するようになる人もいるでしょう。

もっと勉強すれば海外ドラマへの理解がさらに深まり、難しい会話表現も勉強してみようとさらにモチベーションが高くなるかもしれません。これは英語学習が海外ドラマ鑑賞という楽しい経験と結びついて語学を学ぶことが楽しくなった例になります。

習慣を楽しくするための具体的なステップ

さて、ここまで読み進めたあなたは内発的動機の重要性は認識できたはずです。「新しい知識をつけることが楽しい」「そもそも好きだからやる」というように取り組むこと自体が目的とならないと習慣の継続は簡単ではありません。

ただ、みなさん、大きな疑問を持たれたはずです。

「報酬や評価など外からの動機づけでなく、行動そのものを目的にすれば習慣は続くのはわかりました。楽しい状態になれば意識することなく習慣になるのもその通りかもしれません。習慣に向けた行動に慣れれば確かに楽しいと思うのですが、なかなかその状態にいけないのでは？」

おっしゃる通りです。英語の勉強も少し話せるようになれば楽しいですが、楽しくなるまで継続する必要性があります。多くの人にとっては、今日始めて3日後に楽しくなっている取り組みではありません。

筋トレが楽しくなるのも自分の体に変化が出てくるなど目に見える成果が必要でしょう。それまでの間、「楽しい」と感じられないから、多くの人は三日坊主になりがちになるのです。

ですから、楽しく感じられるのに時間がかかるのならば、意図的に自分に「楽しい」と思わせればいいのです。

そのやり方のひとつ目が「変化をつける」です。

変化があると楽しさを感じやすいのであれば意識的に変化をつければいいのです。そうすることで、行動への飽きを打破し、新たな楽しみを見つけることができます。たとえば運動の習慣をつけようとジムに通っていた場合、2週間経つと少し飽きてくる人もいるかもしれません。

ですから、新しいウェアや靴を購入して自ら気分を高揚させるのも「楽しい」と感じさせるひとつの手段になるでしょう。また、ジムのトレッドミル（ランニングマシン）で走っていたとしたら、同じ距離を屋外でランニングするのもいいかもしれません。いつもとは違う形で運動するなど、変化と挑戦が組み込まれると、習慣が新しい経験と結びつき、楽しさが増します。

「楽しい」と思わせる2つ目が「環境づくり」です。

習慣に向けた行動は原則、同じ環境で取り組みます。筋トレするにしてもジョギングするにしても、負荷を計算しなければいけないので同じ環境で取り組む方が簡単です。ただ、どうしても飽きてしまいます。

ですから、飽きない工夫が必要です。習慣を自分の趣味や好きなことと結びつけて、前向きに取り組めるようにします。

たとえば筋トレを習慣化したい人が音楽好きならば、筋トレしながら好きな音楽を聴く。語学学習を習慣化したい人が映画好きならば、語学学習も兼ねて海外のドラマや映画を見る。

机に座って単語を覚えたり、リスニングしたりするよりは語学学習が身近で楽しく感じられるはずです。気分を高揚させる要素を取り入れることで、習慣が楽しい活動となり、モチベーションが維持されやすくなります。

「楽しい」と思わせる3つ目は他の人と習慣を共有することです。

習慣を共有し、仲間と共に行うことで、楽しさが倍増します。仲間との交流や共感を通じて、ポジティブなエネルギーが生まれ、習慣が協力と楽しみの要素と結びつくことで、モチベーションが向上します。

たとえば私の場合、昔、都内に住んでいたときは、ランニング好きで皇居に集まってグループで走っていました。一人で走っても爽快感は感じられ、楽しいのですが、同じような習慣を持つ人と走ることで交流が生まれたり、共感したり、一人で走っていては得られない楽しみを感じることができました。

こうした方法を組み合わせることで、習慣を楽しく感じられ、内発的動機を育めるようになります。習慣化の鍵となる楽しさを感じられるようになれば習慣は自然なものとして定着します。

③「楽しい！」と唱えるアファメーション

アファメーションの重要性は何度もお伝えしてきました。アファメーションは未来の自分を先取りすることで、未来のなりたい自分になるのを加速させます。肯定的な言葉を何度も自分に話すことによって、普段頭の中に見えているイメージを変えていきます。

そうすることで、感情も変わり、当初は無理だと感じていたものにも怖気づかないで挑戦できるようになります。

アファメーションは習慣を「楽しい！」と感じるようになるにも非常に効果があります。

言葉が思考や感情に大きな影響を与えるのはいうまでもありません。ポジティブな言葉は、脳内の神経回路を活性化させ、ポジティブな感情を引き起こすことが科学的に示されています。

「楽しい」という言葉を唱えることで、脳内で幸福感や楽しさに関連する神経パターンを呼び起こし、それが習慣化におけるポジティブな行動と結びつきます。モチベーションや自己効力感を高められます。

また、アファメーションは肯定的な感情を強化し、ネガティブな感情や不安を軽減する役割を果たします。

習慣化のプロセスは挑戦やストレスを伴うことがありますが、ポジティブな言葉を使用することで、困難に立ち向かう意志や積極的なエネルギーを維持する助けになります。

これはあなたも経験があるはずです。「もうダメだ」と感じてしまうと「ああ、本当にダメだ」「何もかもうまくいかない」「運が悪すぎる」と自分の中で何度も繰り返してしまいがちです。そうすると、全てにおいてネガティブな思考パターンになってしまうのです。

ネガティブな考えを持ち、否定的な言葉ばかりを自分に語りかけていると、脳はその証拠ばかりを集めます。

たとえば語学の勉強を1日サボってしまってダメだと自分を責めると、テストで酷い点をとったときのことやスポーツで思うような結果が出なかったことなど、「うまくいかなかった」事例をひたすら集めてしまいます。

ですから、ネガティブなサイクルに入るのを避けるためにも、強制的に引き戻す必要があります。「私はできる」「私は楽しい」とポジティブな言葉を繰り返すことで、「ダメな自分」を「前向きな自分」に置き換えるのです。ですから、習慣化でつらい、しんどいと思ってしまいそうなときは「楽しい!」と語りかけてポジティブに考えるのです。

アファメーションの効果は科学的にも証明されているとお伝えしましたが、脳の神経可塑性を活用し、ポジティブな癖や信念を構築することができます。脳は絶えず変化し、新しい神経経路を形成しているので、ポジティブなアファメーションを継続的に唱えることで、新たな回路を形成できます。「楽しい！」という言葉が、習慣化に対する肯定的な態度を根づかせ、内発的な動機を強化します。

もちろん、アファメーションは自己効力感を向上させる効果があります。「楽しい！」と唱えるアファメーションは、内発的な動機づけを強化し、継続可能な習慣づくりをサポートします。

どう唱えればいいのか？

アファメーションを導入する具体的なステップは1週目、2週目と基本的には一緒です。

まず、毎日同じ時間にアファメーションを唱えます。本書では1日の終わりの振り返りの後にアファメーションをすることをおすすめします。

そして、一人称で肯定的かつ具体的な文言で唱えることが重要です。ダイエットしている人のアファメーションでしたら「私は楽しんでいる！」「私は楽しみながら体重が65キロになっている！」のような形になります。

また、現在形で、自分が望む明確なイメージでの表現を心がけましょう。「私は楽しんでいる！」といった現在形の表現で唱えましょう。これにより、達成感を現在の状態として捉え、その実感を高めます。そして、自分が望むイメージを具体的な言葉でアファメーションしてください。

たとえば、「私は楽しみながら痩せている」という言い方よりも、「私は楽しみながら痩せて体重が65キロになっている」の方が、脳はイメージを具体的に描けるので、脳の「GPS機能」がうまく活用できます。

もちろん、アファメーションの内容は自分の目標とか価値観に沿った内容にしましょう。自分の進むべき方向や大切にしている価値観を踏まえた上で具体的な言葉を選びます。

1週目、2週目と同じように唱える内容は書き出すとよいでしょう。あらかじめ決めていないと唱える内容を毎日その場で考えることになるので、行動のハードルが上がってしまいます。

ちょっとしたことかもしれませんが「今日は何にしようか」と考えるのは毎日だと意外に手間になります。書いたものを3週目の1日目、2日目、3日目、4日目と唱える方が取り組みやすいでしょう。もちろん、「それだとちょっとマンネリになってしまうな」と感じる人は毎日違う内容を唱えても問題ありません。

実際にアファメーションを唱えるときには感情を込めましょう。棒読みしたり、ただ単に言葉を発したりするのではなく、感情を込めることで、自分に対する自己効力感を高められます。こういったポイントを押さえて「楽しい！」と唱えるアファメーションが自己効力感を高め、習慣化を後押ししてくれるはずです。

振り返りは認知科学の観点から非常に重要ですが、1週目、2週目と3週目では少しポイントが異なります。

1週目、2週目は前に進んでいると自己効力感を高めたり、維持したりするのが大きな目的でした。たとえば腹筋でしたら、1週目は小さく刻みながらも回数をこなすことで「私はできる」という意識を植えつけました。

2週目は少し目線を上げて回数を増やしていきながらもそれを乗り越えた自分を振り返ることで自己効力感を高く維持する狙いがありました。

一方、3週目は同じ回数を7日間こなしました。この7日を振り返ることは、自己効力感の維持だけでなく、同時に内発的動機を強く感じることにつながります。

行為そのものが楽しい自分を再確認するのに合わせて、今の行動の延長線上にある「なりたい自分」も改めてイメージしましょう。この段階では行動そのものが楽しくなっていますが、将来的な目標があった方が習慣は継続します。「なりたい自分」のイメージを再強化しておきましょう。

では、一緒に3週目を振り返ってみましょう。

1 達成したことの振り返り

最初に、自分が3週目で達成したことや成功体験に焦点を当てます。これはポジティブな感情を強調し、モチベーションを維持する助けになります。

具体的な質問

・3週目の中で楽しかったことは何ですか？

・楽しさややりがいを感じた瞬間はありましたか？　どんな気持ちがしましたか？

2 課題や困難の振り返り

次に、3週目で直面した課題や困難を振り返ります。感情や行動の背後にある理由を理解することが重要です。

具体的な質問

・直面した課題や困難は何でしたか？

・それらにはどのように対処しましたか？

・困難から学んだことはありますか？

3 目標との整合性の確認

達成された成果や経験を自分の目標と照らし合わせ、現在の進捗との整合性を確認します。目標が適切であるかどうかを検討し、必要に応じて修正してイメージの再強化につなげます。

具体的な質問

・設定した目標に対して、スタートした時点から今週はどれだけ進捗しましたか？
・目標やラフなプランが実現可能であると思いますか？
・現在の行動が長期的な目標と整合していますか？

4 4週目以降へのアクションプラン

振り返りの最後に、得られた気づきをもとに次週のラフなプランの修正を行ったり、追加したいアクションプランを立てたりすることで、翌週以降に向けて準備を整えます。

この段階で当初のプランを継続するのが難しければ持続可能な形に変更しても問題ありません。たとえば、3週目まで頑張って当初に設定した目標である腹筋50回をクリアしたけれども、「どうも継続するのは難しい」と感じたら40回に引き下げてもいいでしょう。

具体的な質問

・現在の目標やラフなプランを修正する必要がありますか？
・次週に行いたいアクションプランはありますか？

3週目の振り返りの後に、アファメーションを行ってください。

EPILOGUE

習慣が一生続く世界へ

これで「3週間で習慣を定着させるステップ」は
全て完了です。
ここまで続けたあなたの脳は、
もう自動的に「続けていないと気持ちが悪い状態」に
なっているでしょう。

そうして、「習慣が一生続く」状態になったあなたは、
それ以上のメリットを享受することができます。
たとえば、習慣はひとつ身につけると、
他のあらゆる良い習慣にも派生するといったことです。

EPILOGUEでは、そういった
「習慣が定着した先に待っている世界」
をより具体的に紹介し、
本書の締めとしたいと思います。

「1つの良い習慣」が身につくと、「あらゆる良い習慣」が身につく

さて、ここまでの習慣づくりのための3週間の取り組みはいかがだったでしょうか。もしかすると、「3週間続けたけど、あまり習慣が身についた実感がない」という人もいるかもしれません。でも、それこそあなたが習慣化を確実に手に入れたことを示しています。

本書の冒頭でお伝えしましたが、習慣づくりができれば習慣化に向けた行動は日常生活に自然と組み込まれます。「やるぞ」「頑張るぞ」のように意識しないでも行動できるようになります。歯磨きや入浴のように毎日何気なくやることに対しては、心理

的な抵抗をあまり感じないのと同じです。ときどきやること、全く新しいことに対しては、面倒くささを感じるのです。

これは人間の脳の仕組みと関係しています。人間の脳は同じ行動や情報に反復的にさらされると、それらを効率的に処理し、自動的に反応するようになります。

自転車に乗るときにどうやってこぐか、車に乗るときにどうすれば車が走り出すかを初心者の人以外は考えないでも事故を起こすことなく運転できることがわかりやすい例でしょう。

最初は意図的な努力が必要ですが、時間とともに無意識に行動できるようになります。

もちろん、努力だけでは脳は動いてくれません。

報酬が必要です。たとえば、自転車に乗る練習をするのも自転車に乗れれば徒歩よりも楽に遠いところに行けるという動機があるでしょう。自動車の免許をとれば彼女とデートに行ける、スポーツカーに乗れればモテるという動機で車を運転したいと考える人もいるはずです。

本書の3週間での習慣形成はこの脳の自動化の認知プロセスを意図的に使うことで、行動を3週間で自動化するためのメソッドでした。「なりたい自分」「憧れの姿」をイメージして脳の「GPS機能」を働かせ、イメージを実現するための習慣化に向けた行動を重要だと脳に意識させます。

習慣化に向けた行動は無理なく小さな負荷で始めて「自分はできる」という自己効力感を高めます。

そして、負荷を段階的に引き上げても目標をクリアし続けることで、行為そのものが楽しい状態をつくり上げます。自覚はないかもしれませんが、この3週間の取り組みであなたの脳の構造はガラリと変わっているはずです。

そしてこの3週間での習慣づくりのメソッドを身につけたあなたは大きな武器を手に入れたことになります。ひとつの習慣を身につければ、あらゆる習慣を身につけられるといっても言い過ぎではないからです。

これは認知科学の世界では「キーストーン・ハビット（要の習慣）」効果と呼ばれ

ています。キーストーン・ハビットとはひとつ身につける（あるいは変える）だけで、暮らしの他の面に大きな影響力を持つ習慣です。ニューヨーク・タイムズの記者であるチャールズ・デュヒッグの著書『The Power of Habit（『習慣の力』）』で広く知られるようになりました。

同じ行動を継続すると脳が変わることは何度かお伝えしました。これは脳が変化し、新しい神経結合を形成するからです。

そして、同じ行動を反復して良い習慣を身につけると、そのプロセスが他の良い習慣の形成にもつながります。脳の中で一度神経結合が形成されると、同じようなパターンが他の行動にも適用されやすくなるのです。

これにより、良い習慣が定着すると、自動的に良い循環が生まれます。たとえば毎朝の散歩を習慣化できると、自然と早起きの習慣も身につき、それに伴い早く寝るようになり、睡眠習慣の向上につながることがよくあります。

睡眠の質が向上したことで、食事にも気をつかうようになり食生活も改善するかもしれません。

つまり、朝の散歩がキーストーン・ハビットとなり、生活習慣が広く変わります。

これをハビットループと呼びますが、この状態になると、他の習慣の形成が簡単になります。

キーストーン・ハビットが起点になって一度動き出すと、周囲に波及して、それが他の習慣の出発点となるのです。


ひとつの習慣が身につくと心理的にも大きな効果があります。ひとつの習慣を身につけたという成功体験が弾みになって「他の習慣も身につけられる」と好影響をもたらします。

ひとつの習慣を身につけられたことで、「自分にはできた」と自己効力感が向上し、他の習慣にも取り組む自信が生まれるのです。自己効力感は高まっていますのでどんどん意欲的に挑戦できます。

ポジティブな行動が続くので、脳は報酬系をさらに活性化させ、その結果、新しい行動パターンが強化されます。

たとえば私の場合、英語を勉強していて、習得できたので「よし次は中国語も勉強しよう」とスムーズに新しい語学の勉強を始められました。ひとつ成功体験を積んだことで「できるかな」と思わずに、「英語ができたのだから中国語もできるに決まっている」と自己効力感が高い状態で中国語学習を習慣化できました。

また、食生活を変えようと昼食をあまり食べないようにしたら、食後に眠くなることがなくなり、仕事の生産性が劇的に高まりました。

その結果、早く帰宅できるようになり、早寝早起きの習慣も身につけることができ、家族団らんの時間を確保することにつながりました。

ひとつの良い習慣が身につくことで、それが脳の仕組みや心理的プロセスに影響を与え、他の多くの習慣の形成につながります。「ひとつの良い習慣」が身につくとシナジー効果で「あらゆる良い習慣」が身につき、人生を前に進める力が一気に増すのです。

「体型が変わったら、あらゆることが変わった」

私のクライアントにも「ひとつの良い習慣」が身について「あらゆる良い習慣」が

身についた人がたくさんいます。

たとえば40代のＩＴ企業のマネージャーの方はまず運動の習慣の改善に取り組みました。ジム通いを続けているうちに、うまく習慣化でき体力が増し、疲れにくくなりました。

体力が増したことから、朝の時間を有効活用しようと考え、早起きも習慣化するという好循環が生まれ、毎朝の時間を読書に割くようになりました。運動改善の習慣化が読書の習慣化につながったのです。

そして、本を読むことで知見が広がり、ビジネスアイデアが生まれるようになりました。

また、運動や早起きを習慣化したことで、健康志向が高まりました。バランスのとれた食生活を軸にダイエットも始め、見事に成功しました。６カ月間で10キロも減量し、その体重を今も維持しています。

中身だけでなく見た目も変わり、自分に自信が持てるようになったそうです。仕事の人間関係でも積極的になれた結果、会社で昇進の機会も手に入れました。

もう一人は40代の主婦の方です。彼女はジャンクフードや揚げ物が好きで糖質もとりすぎてしまう傾向にあったので、食生活の改善に取り組みました。実際、食事を見直したら、効果はてきめんで見違えるように健康的になりました。「睡眠の質が向上してよく眠れるようになった」と睡眠習慣の改善にもつながりました。

私はコーチングのクライアントには瞑想を推奨しています。彼女にもすすめたところ気分が安定し、ストレス耐性が向上して、家庭内のコミュニケーションが良好になったそうです。

健康的な生活を送れるようになると何事にも積極的になれます。生活に余裕ができたことで、勉強も始めました。彼女は投資に以前から興味があったのですが、これまでは精神的に始める余裕がなかったそうです。

食事習慣を見直したことで生活習慣全般の見直しにつなげることができ、心が安定したことで投資についての勉強も始められるようになったのです。

最後にもう一人、習慣の広がりを体現した人を紹介します。50代の会社経営者です。彼には「体力の低下を著しく感じるのでどうにかしたい」と相談されたので、運動習慣を改善することにしました。全く運動習慣がなかったので朝の散歩から始めました。すると、それまで夜型だった生活を朝型に切り替えて、体力がついただけでなく、朝の時間も有効に使えるようになりました。

「仕事で海外との取引もあるので英語の勉強を始めたい」と意欲的だったので、英語学習を新たに習慣化しました。実際に新規事業を立ち上げて、ビジネスが拡大し、会社の売り上げや利益のアップにつながりました。

「1つの良い習慣」が身につくと、「見える景色」が180度変わる

ひとつの習慣を身につけることはあなたが思っている以上に大きな効果がありま す。早朝にジョギングする習慣を身につけることで早起きの習慣も身につき、食生活も改善される、などのように正のサイクルが回り出します。このサイクルが回り続けるとあなたの「見える景色」は変わってくるはずです。

「見える景色」が180度変わって、人生そのものがガラリと変わります。「ひとつの習慣によって人生が変わるなんて言い過ぎでは」と思われた方もいるかもしれませんが、大げさなことを言っているわけではありません。

これは認知科学の観点からもまぎれもない事実です。おさらいも含めて習慣化のす

ごさについてお伝えします。まず、習慣化は脳そのものを変えます。

何度かお伝えしましたが、習慣化は脳の可塑性に働きかけ、新しいニューロン結合を形成します。良い習慣を繰り返すことで、行動とポジティブな感情が結びつき、脳の神経回路が変化します。

習慣化に関連する特定の行動や思考が強化されます。そして、ひとつの良い習慣によるこの変化が良いパターンとして認識され、他の習慣形成につながります。

習慣の効果は脳の報酬系統に影響を与えます。たとえば、健康的な習慣が身につくことで体調が改善したり、心地よさや達成感が得られたり、楽しいと感じたりします。

これらの経験が内発的動機を促し、「これなら他のこともできるかも」と他の良い習慣をつくりたいと思うようになります。

ポジティブな習慣を身につけることで、自己効力感も高められます。ひとつの習慣を成功させる経験が、他の習慣化や目標達成に自信をもたらします。これにより、新しい習慣化や目標に取り組む意欲が高まります。

習慣化のプロセスは「私にはできない」「無理だ。もうやめよう」という気持ちをいかに抱かせないかのプロセスです。少しずつハードルを乗り越え「自分はできる」

という自己効力感を高め、行動をポジティブな感情と意図的に結びつけることで脳を前向きに考えられるようにつくりかえるプロセスともいえます。

大きな目標を最初に打ち立てそれに向かって突き進み達成すれば、達成感は得られますが、3週間で習慣化をするためにはあえてそうしない方がいいです。

習慣化は毎日少しでも成功体験を積み重ねることで誰にでも身につけられます。根気や努力など持ち合わせてなくてもやり方さえ間違わなければ、可能なのです。

そして、ひとつの習慣を身につければ、世界は変わります。ある意味、習慣化はどんな人でも手っ取り早く世界の見え方を変えられる武器になります。ひとつの習慣さえ身につけてしまえば、新しいレンズを通して世界を見るように「見える景色」が180度変わるのです。

世界の見え方はどう変わるのか?

では、どのように世界の見え方が変わるのか。具体例を紹介します。

①私の例（45歳、男性、経営者）

私は8年ほど前まで外資系企業で昼も夜もなく働いていました。結婚したころは「仕事がどんなに忙しくても家族と向き合う」と決めていましたが、膨大な量の仕事に追われ、週末も仕事の日も少なくありませんでした。

たまに休みがとれても何かする気も起きず、家族の頼みも断り、寝室で過ごしていました。子どもや妻の寂しそうな表情は今でも忘れられません。

さすがにこのままではいけないと思い立ったもののなかなか変えられずに月日だけが過ぎていきました。あるとき、半ば興味本位で起業家や経営者が集まるコミュニティに参加したところ、世の中には限られた時間でも大きな成果を出して、自分の時間を楽しんでいる人が多くいることを知りました。

プライベートを全く犠牲にしないで月に数百万単位で稼いでいる人がごろごろいたのです。どうすれば彼らみたいになれるかと考え、「彼らの生活パターンを真似してみよう」と生活習慣を変えてみることにしました。

まず、食生活を変えました。朝食や昼食を軽めにすることで体重も減り、糖質を減らしたことで血糖値の急激な変動を抑えられて仕事への集中力が増しました。

生産性が高まったので、自分の時間がつくれるようになり、空いた時間でジムに通い始めると筋肉もつき始めました。外見が変わると、不思議なことに何事にも自信が持てるようになり、公私ともに積極的に人と交われるようになったのです。

残業や週末の出勤は劇的に減り、家族関係も改善しました。今では外資系企業を退職して、医療分野の会社2社の経営に携わっています。私が経営に関わってからの7年間で医療分野の会社のグループの売上高が100億円から188億円まで成長しました。食生活を変えたことで、仕事も家庭も全て好転しました。

②Aさんの事例(50歳、女性、管理職)

Aさんは忙しいキャリアウーマンで、仕事のプレッシャーとストレスに悩まされていました。彼女は弊社のコーチングを通じて、ストレス解消を目的に仕事に行く前に散歩する習慣づくりを始めました。

最初は大した変化を感じられなかったようですが、徐々にその習慣が彼女の日常に深く組み込まれていくと、変化が表れました。

まず、散歩中の自然の美しさや新鮮な空気が、彼女のストレスを和らげ、心の平静をもたらしたそうです。Aさんは日々の仕事の悩みから解放され、爽やかな気持ちで仕事に行けるようになったのです。

この小さな習慣を身につけたことによる変化は、心の健康への影響だけに留まりませんでした。Aさんは徐々に体調が改善し、運動不足からくる身体的な不調も解消されました。彼女はこれをきっかけに、食事習慣や睡眠パターンも見直し、健康的な生活を送れるようになりました。

それだけではありません。散歩の時間が彼女の創造性を刺激し、仕事のアイデアや視点を見つける手助けにもなったのです。彼女は仕事でより柔軟かつ効果的な解決策を導入することで、業務においても、それまで以上の成果を出せるようになりました。

この習慣による変革は、認知科学的な変化にも根ざしています。散歩という運動は脳に酸素を供給し、新しい神経経路を開拓する助けとなります。これが彼女の思考の柔軟性や問題解決能力の向上に結びついたのです。

Aさんの散歩の習慣は生活習慣を見直すことにつながり、プライベートな人間関係にも良い影響を及ぼしました。彼女のポジティブなエネルギーが周囲の人たちにも伝わり、家族や友人たち、職場の人たちとの関係も良くなりました。

③Bさんの事例（40代、男性、会社員）

Bさんは長い間、ネガティブな思考と何でも先延ばしにしてしまう性格に悩まされていました。「どうにか自分を変えたい」と訴える彼に私がすすめたのは「毎日、行動計画を設定する習慣づくり」でした。

毎朝、彼は5分ほどかけて1枚の紙にその日の行動を書き出しました。やること、やらないことを明確にして、行動の優先順位を決める作業です。最初は小さな行動からスタートし、成功体験を積み重ねながら徐々に難度を上げていきました。

この小さな行動が彼の日常に変化をもたらしました。まず、行動計画設定のプロセスが彼に明確な方向性を提供し、毎日がより目的を持ったものに変わりました。これが彼のモチベーションを刺激し、先延ばしにすることも減っていきました。

小さな成功体験が彼の自己評価を変え、自分ができることに対する信念を高めたのです。これが新しい挑戦に果敢に立ち向かう原動力となり、彼はキャリアや個人的な目標で素晴らしい成果を挙げています。

行動計画の習慣化は仕事以外にも好影響を及ぼしています。毎日行動を計画するようになったことで、友人や同僚とのコミュニケーションにも積極的になれたそうです。プライベートでの遊びの計画や仕事の上での共同の目標を立てることが楽しくなり、より深い絆が生まれ、協力関係が築かれています。

内面にも変化が訪れ、計画を立て、それをクリアすることを繰り返すことで、ストレス耐性が向上し、「困難な状況にも前向きにアプローチできるようになった」と報告がありました。

心の安定感からか明らかに幸せな表情を浮かべるようになっています。毎朝の行動計画というひとつの小さな習慣が人生に大きな変化を引き起こしたことにBさん自身、驚いています。

おわりに

本書を手に取ったあなたは、「3週間で習慣化できるなんて、ありえない」と思ったのではないでしょうか。

そう思うのも無理はありません。

習慣を定着させるには長い時間がかかると思っている人が大半でしょう。

しかしながら、本書でお伝えした、認知科学とコーチングのスキルを使えば、誰もが長い時間をかけずとも挫折をせずに習慣化できるのです。

私の教える習慣化の方法は、これまでの習慣化の常識からすれば、かなり非常識です。ところが、私の習慣化の方法を学んで実践した人たちは全員が挫折せずに、新しい習慣を身につけられています。それだけでなく、さらに驚くべきことが起きています。ひとつの習慣を身につけた後、仕事も家庭も、なぜか人生全般がうまく回り始めています。

世の中には習慣化ができずに悩んでいる人が多いと思います。私もかつてその一人でした。目標を達成しようと思って、新しいチャレンジをしても、三日坊主で終わってしまった経験を何度もしています。

だからこそ、「一生懸命頑張っているのに一向に習慣が身につかない」と悩む人を救いたいと思って書き上げたのがこの本です。一人でも多くの人が本書を読んで人生を変えるきっかけになればという一念で、私が培ってきた習慣化の方法を出し惜しみせずに全て注ぎ込みました。

最後になりましたが、本書の編集の労をおとりいただいたＳＢクリエイティブ株式会社の水早将さんをはじめ、私の想いをご理解いただき、本にする力をお貸しいただいたＳＢクリエイティブ株式会社の吉尾太一編集長に心から感謝を申し上げます。

かつての私のように一生懸命頑張っても習慣化できなかった人が習慣化の方法を身につけてくれれば、著者としてこれ以上に幸せなことはありません。あなたが豊かな人生を手に入れられるよう心から願っています。

２０２４年４月　鎌倉の自宅書斎にて　名郷根 修

【読者特別特典】

『習慣は3週間だけ続けなさい』21日間習慣化メールサポート

3週間での習慣化をサポートするために、21日間メールを毎日お送りします。次のURLまたはQRコードよりご登録ください。

URL: https://bit.ly/3PPYpwm

※本サービスは予告なく変更、終了することがございます。ご了承ください。

※この読者特別特典は株式会社ハイパフォーマンスが実施するものです。こちらに関するお問い合わせは株式会社ハイパフォーマンスまでお願いいたします。

著者略歴

名郷根 修（なごうね・しゅう）

エグゼクティブ・コーチ／株式会社ハイパフォーマンス代表取締役
Rotterdam School of Management, Erasmus University 経営学修士（MBA）
1978年生まれ、岩手県出身。米国戦略コンサルティングファーム、グローバル医療機器メーカーで勤務経験後、世界一の戦略コーチであり、Strategic Coach社を創設したダン・サリヴァン氏に師事し、同社が提供している10x Ambition Programを卒業した唯一の日本人。
現在、「コーチング」と「認知科学」の掛け合わせにより、再現性の高いコーチングを提供する株式会社ハイパフォーマンスを経営するのと同時に、３社の会社経営に携わっている。
会社経営者や起業家を対象に、事業を10倍にしながら自由な時間を生み出すエグゼクティブコーチング、パフォーマンス向上に特化してプロのコーチを養成するハイパフォーマンスコーチ養成講座、仕事の生産性と健康レベルを向上させるハイパフォーマンスコーチングを提供している。

株式会社ハイパフォーマンス Webサイト
https://www.high-performance.co.jp

習慣《しゅうかん》は３週間《しゅうかん》だけ続《つづ》けなさい
「認知科学《にんちかがく》」×「コーチング」が教《おし》える自分《じぶん》を変《か》える方法《ほうほう》

2024年6月2日　初版第1刷発行
2024年9月6日　初版第2刷発行

著　者　名郷根《なごうね》 修《しゅう》
発行者　出井 貴完
発行所　SBクリエイティブ株式会社
〒105-0001 東京都港区虎ノ門2-2-1
装　丁　小口翔平＋嵩あかり（tobufune）
本文デザイン　相原 真理子
校　正　ペーパーハウス
D T P　株式会社RUHIA
編集協力　栗下 直也
編集担当　水早 將
印刷・製本　中央精版印刷株式会社

本書をお読みになったご意見・ご感想を
下記URL、またはQRコードよりお寄せください。

https://isbn2.sbcr.jp/25733/

落丁本、乱丁本は小社営業部にてお取り替えいたします。定価はカバーに記載されております。本書の内容に関するご質問等は、小社学芸書籍編集部まで必ず書面にてご連絡いただきますようお願いいたします。

ISBN978-4-8156-2573-3